Stella Bettermann ist Halbgriechin und Mutter zweier
Kinder. Geboren und aufgewachsen in München, hat sie
als Kind das Leben in Griechenland während der Sommerferien kennen gelernt, die sie jedes Jahr bei der Familie
ihrer Mutter in Piräus verbracht hat. Um heute ihr Heimweh
nach Griechenland zu stillen, besucht sie eine griechische
Volkstanzgruppe und lernt die Tänze ihrer Heimat.

Weitere Titel der Autorin:

Ich trink Ouzo, was trinkst du so?
Ist auch als Hörbuch bei Lübbe Audio lieferbar und
als E-Book erhältlich.

Stella Bettermann

Ich mach Party
mit Sirtaki

Wie ich in Deutschland
meine griechischen Wurzeln fand

BASTEI
LÜBBE
TASCHENBUCH

BASTEI LÜBBE TASCHENBUCH
Band 61626

1. Auflage: Mai 2011

Dieser Titel ist als E-Book lieferbar.

Bastei Lübbe Taschenbuch in der Bastei Lübbe GmbH & Co. KG

Originalausgabe

Copyright © 2011 by Bastei Lübbe GmbH & Co. KG, Köln
Lektorat: Anne Fröhlich
Illustrationen: © Gisela Kullowatz
Umschlaggestaltung: © Gisela Kullowatz
Autorenfoto: © privat
Satz: hanseatenSatz-bremen, Bremen
Gesetzt aus der Minion Pro
Druck und Verarbeitung: CPI – Ebner & Spiegel, Ulm
Printed in Germany
ISBN 978-3-404-61626-8

Sie finden uns im Internet unter
www. luebbe.de
Bitte beachten Sie auch: www.lesejury.de

Der Preis dieses Bandes versteht sich einschließlich
der gesetzlichen Mehrwertsteuer.

Inhalt

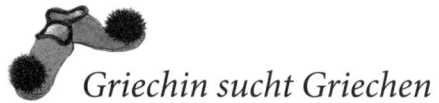

Griechin sucht Griechen

Die Menschenschlange tanzt mit flinken kleinen Schritten im Kreis nach rechts. Immer nach rechts. Und immer schneller. In der Mitte des Kreises steht ein Mann und gibt das Tempo vor. »*Ena, thio, tria!*« Tanzlehrer Mikis schreit seine Kommandos, um die laute griechische Volksmusik zu übertönen. *Ena, thio, tria* – das heißt: eins, zwei, drei. Eins, zwei, drei kleine Schritte. Und wieder: eins, zwei, drei kleine Schritte.

Mikis: Tomatenrote Jogginghose, himmelblaue Lederturnschuhe, kein Gramm zu viel auf den Hüften. Vom schwarzen Krauskopf seiner Jugend ist ihm ein silberdurchzogener, nackenlanger Kranz geblieben, freundliche Kulleraugen blinzeln hinter runden Brillengläsern.

Die Menschenschlange, das sind wir: rund fünfzehn Frauen und Männer gemischten Alters, (fast) alle Griechen, die sich an den Händen halten. *Ena, thio, tria.* Schneller, schneller, schneller.

Dann kommt es, Mikis kündigt es mit erhobener Hand an: »*Ena, thio, tria … tsouk!!!*«, schreit er. Für *tsouk* gibt es keine Übersetzung. *Tsouk* ist Mikis' Bezeichnung für einen Tanzschritt, eine Mischung zwischen einem Stampfen und einem Schlenkern. Ganz beiläufig, lässig, so wie Mikis es vormacht. Locker aus der Hüfte. Auch locker aus dem Fußgelenk. Kaum zu beschreiben, schwerer noch zu tanzen – zumindest für mich, die Anfängerin.

»*Tsouk*«, sage ich, aber meine Beine eilen einfach weiter. *Ena, thio, tria …*

»Achtung, jetzt: *tsouk!!!*«, warnt Stavros zu meiner Linken. Das ist, kurz bevor ich das nächste *tsouk* verpatze.

»Okay, jetzt mal Schluss mit dem *tsouk*«, bremst Takis zu meiner Rechten und lässt mich einfach los. Ich stoppe, Stavros rempelt mich von links an, Vicky stößt mit Stavros zusammen, Alexis mit Vicky …

»Viel wichtiger als *tsouk* ist doch jetzt: Was wollen wir essen!?«, ruft Takis und ringt die Hände in gespielter Empörung. »Wir tanzen schon ewig und haben noch nicht über das Essen gesprochen!«

Da löst sich die Schlange auf, in rund fünfzehn hungrige Griechen. Alle lassen die Hände ihrer Tanzpartner fahren, lassen den Tanz links liegen und schreien ihre Bestellungen über die Musik hinweg:

»Ich nehme drei *Souvlakia* mit Salat!«, tönt Vicky.

»Ich zwei mit Kartoffeln!«, trötet Stavros.

»Mir sollen sie zwei *Brisoles*, Koteletts, reservieren!« Lazaros legt die Hände wie ein Megafon um seinen Mund, um sich Gehör zu verschaffen. Panajota macht es ihm nach:

»Zwei schöne *Brisoles* – auch für mich!«

»Ich will drei *Souvlakia* – und Hühnchen aus dem Ofen, wenn welches da ist, sonst auch eine *Brisola*. Und Salat«, krächzt Mikis angeschlagene Stimme (die Kommandos!) ins Getümmel.

»Du isst wieder für drei! Da müssen wir uns ranhalten, damit noch was für uns bleibt«, lacht Mimi: »Für mich zwei *Souvlakia* mit Salat!«

Das Musikstück ist nun zu Ende. Das Geschrei geht weiter. Es handelt sich ja um die ganz normale Lautstärke, wenn mehr als zwei Griechen zusammenkommen. Wenn fünfzehn kommunizieren, klingt es wie ein handfester Streit. Wie ein Tumult. Wie der Auftakt zu einer Schlägerei. Wie ein Vulkanausbruch südländischen Temperaments.

Es klingt wie Griechenland!

Griechenland im zweiten Stock, auf dem Fußboden hellbraunes Eichenparkett, an den Wänden Inselszenen in Schwarzweiß. Griechenland aus dem Laptop, auf dem Tanzlehrer Mikis Volksmusik aus allen Ecken von Hellas gesammelt hat. Griechenland im späten deutschen März, mit Nieselregen und beschlagenen Fenstern, an einem Dienstagabend im Münchner Westend. Griechenland! Ein warmes Gefühl wandert in mir hoch und breitet sich zu einem Grinsen in meinem Gesicht aus.

»Und du, willst du gar nichts essen?!«, reißt Takis mich aus meinen Betrachtungen. In den Händen hält er nun einen Kugelschreiber und einen Zettel, darauf sind die Essenswünsche des griechischen Volkstanzkurses vermerkt. Und ob ich essen will!

»Für mich zwei *Souvlakia*. Gibt es auch *Tsatsiki*?«

»Was du willst! Ganz wie in Griechenland!«, sagt er und eilt mit dem Zettel nach unten in das kleine Restaurant im Erdgeschoss, das ganz selbstverständlich zu dem griechischen Kulturzentrum, in dem der Kursus stattfindet, gehört.

Ganz wie in Griechenland, hat er gesagt. Und ganz wie in Griechenland geht es immer irgendwie (auch) ums Essen, sogar hier im griechischen Volkstanzkurs, den ich heute zum ersten Mal besuche. Weil ich immer schon gern richtig griechisch tanzen lernen wollte, Tsamikos und Kalamatianos und all die anderen Tänze? Auch. Hauptsächlich aber aus Sehnsucht. Aus Sehnsucht nach Griechenland.

Dabei komme ich nicht von einer kleinen griechischen Insel, und ich bin auch nicht in einem winzigen griechischen Bergdorf geboren oder im Großstadtmoloch Athen. Sondern auf der Entbindungsstation des Krankenhauses Rechts der Isar in München. Ich bin nämlich »nur« *germano-ellinida* – Deutsch-Griechin, und ich bin in Deutschland aufgewachsen. Mein Vater ist Deutscher. Wäre er, und nicht meine Mutter, griechisch, dann wäre ich *ellino-germanida*. Ein kleiner, aber feiner Unterschied, über den ich erst jetzt aufgeklärt werde, von Manolis, einem Mitglied meiner neuen Tanztruppe: Als *ellino-germanida* mit griechischem Papa würde ich als einen Tick griechischer gelten. Das wusste ich bis gerade eben noch nicht mal. Sagt das nicht schon alles?

Griechenland ist nicht wirklich meine Heimat, sondern eine Kindheitserinnerung, an herrliche, farbenfrohe Sommer bei meinen Großeltern und den übrigen Verwandten in Athen. Außerdem ist Griechenland einer meiner liebsten Urlaubsorte. Richtig gewohnt habe ich dort aber nie. Eine Menge Leute in meinem Umfeld ahnten bis unlängst nicht einmal, dass ich griechische Wurzeln besitze – und waren sogar überrascht, als letztes Jahr mein Buch *Ich trink Ouzo, was trinkst du so?* erschien, in dem ich von meiner griechischen Verwandtschaft erzähle. »Ich wusste ja gar nicht, dass du Griechin bist«, sagte beispielsweise eine frühere Bürokollegin, mit der ich seit immerhin zehn Jahren regelmäßig Kaffee trinke. »Ich auch nicht!«, hätte ich beinahe geantwortet. Lange Zeit fühlte ich mich selbst nicht besonders griechisch.

»Du biest total deutsch!«, findet jedenfalls meine griechische Mutter. Ich besitze nämlich keinen griechischen Pass und keinen griechischen Akzent (beides im Gegensatz zu ihr). Ich feiere Geburtstag wie die Deutschen, statt Namenstag, wie es die Griechen tun, und deutsches Ostern statt griechischem. Nie habe ich eine griechische Schule besucht, weshalb ich auch nicht griechisch schreiben kann. Ich höre keine griechische Musik, empfange kein griechisches Fernsehen und lese selten griechische Zeitungen. (Was daran liegt, dass ich nur schlecht griechisch lese – obwohl meine Cousine Anna in Piräus mir in unserer Kindheit regelmäßig griechische Comics zum Üben schickte. Doch seither haben sich meine griechischen Lesekünste nicht verbessert, deshalb lese ich immer noch so langsam wie eine Grundschülerin.)

Ehrlich gesagt, habe ich meine griechischen Wurzeln jahrzehntelang kaum gepflegt. Und wenn mir in Deutschland wirklich mal der Sinn nach griechischer Atmosphäre stand, bin ich einfach zum Griechen essen gegangen. Um den lärmenden Kellnern und Köchen zu lauschen, Retsina zu schmecken und mir den Bauch mit gefüllten Weinblättern vollzuschlagen. Das kann allerdings jeder, dazu muss man keine halbe Griechin sein.

Immerhin konnte ich bei der Gelegenheit griechisch sprechen: »*Mia merida kalamaria, parakalo*« – eine Portion Kalamari. Oder: »*Mou fernete ton logariasmo*« – die Rechnung bitte. Nicht gerade eine ausgewachsene griechische Konversation. Wenn mir danach der Sinn stand, musste ich mich hier in München schon an den hier lebenden griechischen Teil meiner Familie wenden. Als da wäre: genau eine einzige Person – meine Mutter.

Allerdings spricht nicht einmal sie richtig griechisch mit mir. Als ich noch ein Kind war, hat sie zu Hause gar kein Griechisch gesprochen, sondern ausschließlich Deutsch. Ihre Muttersprache habe ich nicht von ihr, sondern von meiner griechischen Großmutter, der *Yiayia*, gelernt.

Als ich es dann beherrschte, sprachen auch Mama und ich endlich Griechisch miteinander. Allerdings kein richtiges. Die Sprache, in der wir beide uns unterhalten, verstehen weder Griechen noch Deutsche so ganz. Sie klingt ungefähr so: »*Fere ta piata* aus der Küche, *na strossoume sto* Wohnzimmer. Was willst du trinken? Coca Cola *i nero?*« Wir sprechen Mischimaschi. Wie viele ausländische Familien, die schon lange hier leben.

Leider sprechen auch meine beiden Kinder kein Griechisch. Obwohl ich mir das eigentlich gewünscht hatte. Der Plan war, dass Mama ihnen die Sprache beibringen sollte. Als mein Sohn auf die Welt kam, betreute sie ihn praktischerweise ein paar Jahre lang fast täglich. Da würde sich das ganz automatisch einstellen, dachten wir. Merkwürdig war nur, dass mein Sohn in der ganzen Zeit nur zwei griechische Worte lernte: *Yiayiaka* – Omilein. Und *kotoula* – Hühnchen. Mehr sagte er auf Griechisch nie.

Mama schwört aber, er hätte in jener Kleinkinderzeit immerhin Griechisch verstanden. »Einmal chabe ich zum Beispiel den Färnbedienung nicht mehr gefunden, und ich sagte, mähr zu mir selbst, auf Griechisch: Wo ist denn nur der Färnbedienung! Da läuft er in die Küche und kommt mit den Färnbedienung! Da war er chöchstens eineinchalb. Und verstand schon jädes griechische Wort!«

Als sie die Geschichte gefühlte siebenhundert Mal wiedergegeben hatte, ging mir ein Licht auf: »Mama, weißt du überhaupt, was Fernbedienung auf Griechisch heißt?«

»Ach so – äh … nein.« 1958, als Mama zum Studium nach Deutschland kam, gab es TV-Fernbedienungen nämlich noch nicht. Weder hier, noch dort. Und so stellte sich heraus, dass Mama wahrscheinlich nur dachte, sie hätte Griechisch mit ihrem Enkelsohn gesprochen. Tatsächlich war es jedoch Deutsch. Als dann ihre Enkeltochter geboren wurde, ließen wir das Experiment Zweisprachigkeit gleich ganz sein, deshalb spricht sie ebenfalls kein Griechisch.

Mein Onkel Michalis in Athen, Mamas jüngerer Bruder, wollte sich vor Lachen ausschütten, als er die Geschichte mit der Fernbedienung von mir hörte. »Ihr wisst nicht, wie das heißt?! Verrückt! Wo lebt ihr denn?! Das ist doch der *Täläkomandär*.« Der Telekommander. Dass ich das nicht ahnte, sagt viel über mein Griechisch: Ich habe es in den Sechzigerjahren von einer alten Frau, meiner Yiayia, gelernt und seither hauptsächlich mit einer Frau geübt, die seit den Fünfzigerjahren nicht mehr in Griechenland lebt und meist Mischimaschi mit mir spricht. Natürlich könnte ich ab und an auch mit meinem Bruder griechisch sprechen. Doch dafür reicht meine Geduld nicht. Denn sein griechischer Wortschatz ist äußerst beschränkt. Und seine Aussprache katastrophal. Die ist bei mir wenigstens einigermaßen okay!

Ein paar Mal habe ich natürlich schon versucht, meinen Kindern die Sprache ihrer Großmutter beizubringen. Immer mal ein halbes Stündchen oder so. Ohne große Ausdauer.

Ich war eine schlechte Griechin, ich gebe es zu. Es war mir aber egal.

Ganz allmählich passierte dann, was offenbar viele erleben, die Verbindungen zu einem fremden Kulturkreis besitzen: Mit dem Älterwerden kommt die Rückbesinnung auf die eigenen Wurzeln. Die sind ja noch da, irgendwo tief im Unterbewusstsein, und warten anscheinend nur darauf, wieder aufzukeimen. Plötzlich war es mir wichtig, nicht nur jedes dritte oder vierte Jahr nach Hellas zu reisen, sondern es musste jedes zweite sein. Dann irgendwann jedes. Oder am liebsten zweimal pro Jahr.

Wegen des Lichts, das dort viel heller scheint als anderswo, und weil ich immer das Gefühl habe, dass es um mich herum gar nicht richtig Sommer wird, wenn dieses Licht zu lange fehlt. Wegen des Lärms, der meine Ohren frei pustet. Wegen der unglaublichen Sommerhitze, die mich so richtig durchwärmt, damit ich dann den kalten deutschen Winter überstehen kann. Wegen der Gerüche (Oregano auf Karsthügeln, frisch zwischen den Händen zerrieben. Jasmin an Hausmauern. Und dem Duft von feuchtem Asphalt, der nach einem reinigenden Guss aus dem Wasserschlauch in der Sonne trocknet). Den Aromen (griechische Pfirsiche! Kaimaki-Eis! Mastix-Kaugummis aus Baumharz!). Den Klängen (Mopedhupen vierundzwanzig Stunden am Tag. Das Tröten von Schiffshörnern. Tränenschwere griechische Liebeslieder aus dem Radio. Psalme aus den Lautsprechern der Kirchen. Und griechische Flüche!).

Plötzlich sind mir sogar die Sommer-Reisen nach Hellas zu wenig, die Telefongespräche mit der Verwandtschaft zu selten. Ich koche griechisch. Ich sehe mir griechische Filme an. Ich google nach griechischen Nachrichten. Ich bin auf dem Hellas-Trip. Und immer latent auf Entzug, so allein als Griechin ohne Griechen um mich herum.

Leider hatte ich noch nie einen griechischen Bekanntenkreis – nur einmal einen guten griechischen Freund. Das war mit Anfang zwanzig, doch obwohl bei Andreas beide Eltern Griechen sind, unterhielten wir uns meistens auf Deutsch. Griechisch war lediglich unsere Geheimsprache, die wir benutzten, wenn wir etwa über andere lästerten oder Witze rissen, die keiner außer uns verstehen sollte. Irgendwann verloren wir uns aus den Augen.

Kürzlich trafen wir uns zufällig wieder, weil sein kleiner Sohn und meine kleine Tochter dieselbe Klasse besuchen. Allerdings: Andreas' Kinder sprechen beide griechisch. Als sie noch jünger waren, besuchten sie einen griechischen Kindergarten. Und: Sie gehen jeden Samstag in eine griechische Schule und lernen die griechische Schrift und die komplizierte Grammatik. Das ist Andreas wichtig.

Natürlich bekam ich da gleich ein schlechtes Gewissen. Ich wusste ja nicht mal, dass es eine griechische Samstagsschule bei uns gibt. Jetzt haben meine Kinder aber auch keine Lust mehr, da plötzlich hinzugehen. Mal abgesehen davon, dass Fünfzehn- und Siebenjährige, die nur die Worte *kotoula* und *Yiayiaka* beherrschen, kaum aufgenommen werden würden.

Im Internet recherchiere ich dann, dass es auch griechische Spielgruppen gibt, und sogar einen Volkstanzkurs für griechische Grundschüler. Da könnte doch meine kleine Tochter spielerisch Griechisch lernen!

»Geh doch mal hin, du tanzt doch so gern«, bitte ich sie.

»Ich hab schon genug zu tun«, erwidert sie altklug. »Aber du kannst ja hingehen.«

Ich und Volkstanz?!

Einen Griechen kenne ich doch, es ist ein früherer Redaktions-Kollege. Mikis ist Grafiker, stammt aus Athen, lebt schon ewig in München. Er hat drei mittlerweile erwachsene Kinder mit einer Deutschen und ist geschieden. Viel mehr weiß ich nicht über ihn. Früher tauschten wir uns immer über ideale Urlaubsorte in Griechenland aus und schimpften über die miesen deutschen Sommer. Ab und an flogen auch ein paar griechische Wörter zwischen uns hin und her. Die übrigen Kollegen verdrehten dann die Augen und lachten über die für sie ungewohnte Sprache und über die Lautstärke: Denn sein Deutsch spricht Mikis als leisen, zurückhaltenden Singsang – sein Griechisch aber laut und munter. Bei mir ist das anscheinend ähnlich.

Mikis allerdings ist nicht nur Grafiker, er ist auch Tänzer, so viel wusste ich. Er ist Mitglied der renommierten Athener Tanztruppe *Dora Stratou* und tritt auf Festivals auf. Außerdem unterrichtet er griechische Tänze, hier in München, im Griechischen Haus im Westend.

Mikis. Ich habe ihn seit ein paar Jahren nicht mehr gesehen. Ich rufe ihn einfach an.

Mailbox.

Eine Stunde später ruft er zurück, im Hintergrund höre ich griechische Rufe und griechische Musik. Mikis klingt nicht eine Sekunde überrascht, dass ich urplötzlich seine Volkstanzgruppe besuchen will. Es kommt mir sogar so vor, als hätte er sich gewundert, dass ich seine griechische Tanzgruppe all die Jahre zuvor *nicht* besucht habe. Aber jetzt ist es so weit: Dienstag, neunzehn Uhr.

1. Stunde: Alles Sorbas oder was?

Vor dem Eingang des Griechischen Hauses Westend haben sich ein halbes Dutzend Griechinnen gruppiert – eine junge, schlanke mit glattem schwarzen Haar und ein paar schon ältere, etwas behäbige. Griechisches Palaver schallt durch die Straße, Zigaretten glimmen im Dunkel des Frühjahrsabends.

Ist das bereits meine neue griechische Volkstanzgruppe?

»Tanzgroupe? Naaaain, wir tanzen nicht!«, lacht eine der älteren Damen, als handele es sich bei der Vermutung um einen gelungenen Witz. (Und natürlich spricht sie den mir so vertrauten Akzent – wie meine Mama.) »Wir sinngen!«, sagt sie und pustet ihren Zigarettenrauch in die Luft.

Es handelt sich um den griechischen Chor. Auch immer dienstags, vor dem Tanzkurs. Aushänge am Eingang geben darüber Auskunft, dass es auch Evgenias Bastelstunde gibt (ab vier Jahren), einen Kochkurs und den Frauenabend am Donnerstag – alles griechisch, aber offen für Interessenten aller Nationalitäten. Das Zentrum scheint eine Art Volkshochschule à la grecque zu sein.

»Für welchen Kuhrs wollen Sie sich denn einsreiben?«, fragt die Sängerin. »Anfänger, Fortgesritten, Köhner?«

»*Idean then echo* – keine Ahnung«, sage ich und gebe mich damit als Griechin zu erkennen. »Ich weiß nur, dass es der Kurs von Mikis ist. Wo finde ich ihn denn?«

»Ahhh, Mikis«, sagt die üppige Dame, nun auf Griechisch. »Das ist ein ganz besonderer Kurs!«

Mir steht wohl ein Fragezeichen ins Gesicht geschrieben, deshalb setzt sie zu einer Erklärung an: »Es gibt Lehrer, die sind einfach Lehrer. Mikis aber ist nicht nur Lehrer. Er ist Künstler!«

»Der Kurs ist im zweiten Stock, aber ich glaube, Mikis ist noch nicht da«, ergänzt die junge Schwarzhaarige. Die Leute da tanzen schon seit sicher zwanzig Jahren zusammen. Die sind perfekt!«

Klingt ja ermutigend, denke ich. Wahrscheinlich wäre eher der Anfängerkurs das Richtige für mich. Ich kann ja noch gar nichts.

Außer natürlich den Touristen-Sirtaki. Mit dem echten Sirtaki hat der eigentlich nichts zu tun, er ist viel simpler: ein nach hinten überkreuzter Schritt, dann Linksschlenker, Rechtsschlenker. Und wieder der überkreuzte Schritt. Das ist es, was an Feierlichkeiten wie Ostern in griechischen Restaurants in Deutschland getanzt wird. Und in Touristenorten in Griechenland, wenn ausländische Sommergäste auf die Tanzfläche strömen. Kann jeder, der keine zwei linken Füße besitzt und nicht mehr als fünf Ouzo intus hat.

Da erscheint Mikis, mit strahlendem Begrüßungslächeln, im Schlepptau einen kleinen Rollkoffer und vier Frauen um die fünfzig. Im zweiten Stock angelangt, zieht er aus dem Koffer einen Laptop und dreht sogleich volle Pulle auf: griechische Musik, natürlich. Einstimmung zum Umziehen. Dann verschwinden alle in der Garderobe und ziehen Sportsachen über.

Bis auf eine der Frauen: Sie streift nur die Straßenschuhe

ab, dann eilt sie auch schon in die Mitte des Raumes und beginnt auf Strümpfen zu tanzen, ganz allein, mit kleinen, geübten, (für mich) beängstigend schnellen Schritten. Und sie singt, sie singt jedes Wort mit.

»Das ist Carla«, stellt Mikis sie vor, nun in roter Hose und blauen Turnschuhen. Die Tänzerin scheint mich erst jetzt wahrzunehmen und winkt mir – tanzend – zu.

Carla also. Sie sieht aus, als wäre sie einer der Schwarzweißfotografien an den Wänden entsprungen, die griechische Insel- und Bergszenen aus den Dreißigerjahren zeigen: klein, selbst für eine Südländerin, und ganz in Schwarz gekleidet. Ein langer, schwarzer Pferdeschwanz schwingt im Takt. Wie eine typische Inselwitwe, aber keine traurige – eine wendige Witwe, ganz versunken in den Tanz.

Auf einen Schlag ist der Raum voll – und die Musik aus. Mikis fummelt am Laptop, Mikis begrüßt Neuankömmlinge, Mikis läuft zum Fenster (»Wo bleibt Takis bloß? Immer muss dieser Mensch zu spät kommen!«). Mikis lässt sich umarmen und küssen (von den eintreffenden Damen) und freundschaftlich auf die Schulter klopfen (von den Herren). Da sind Nitsa und Alexis. Und Vicky, Panajota, Lazaros. Stavros. Oder Christos? Irgendwas mit »os«. Mikis stellt mich allen vor, rund fünfzehn Leute kommen zusammen, es ist ein großes Hallo. Nach Sekunden habe ich die meisten Namen wieder vergessen.

Die Musik spielt weiter, Carla tanzt, diesmal nicht allein: Sie führt die Schlange an und zieht eine blond gefärbte Dame in Leggings hinter sich her (Nitsa? Oder Panajota?). Die wiederum hält eine Grauhaarige, die ihrerseits einen muskulösen Mann mit hellen Augen an der Hand gefasst hat.

Die meisten der griechischen Volkstänze werden in Schlangenformationen getanzt, so viel weiß ich. Diese Schlange hier wird immer länger. Ein großer junger Mann kommt hereingeweht, reiht sich sofort ein (»Markos!«, ruft Mikis mir zu. »Der ist auch halb und halb, wie du!«). Dann stöckelt eine ältere Dame mit rotem, auftoupiertem Haar in den Raum. Ich grüße, sie nickt, ihren Namen nennt sie nicht.

»Ich bin gar nicht da«, sagt sie auf Griechisch.

Ich verstehe nicht. Sie ist doch hier!

»Margarita lebt jetzt wieder in Thessaloniki. Sie besucht den Kurs normalerweise nicht mehr!«, ruft Mikis zu mir herüber. Sie findet wohl, ich muss mir gar nicht erst die Mühe machen, mir ihren Namen zu merken. Margarita hat inzwischen die Schlange in der Mitte geteilt und zu tanzen begonnen – ziemlich resolut für jemanden, der eigentlich gar nicht anwesend ist.

Soll ich jetzt auch einfach tanzen? Auch in der Mitte der Schlange? Oder ganz am Schluss? Aber vielleicht ist das Ende ein spezieller Platz, so wie der Anfang, wo – das kann ich nach so kurzer Zeit sehen – nur die Besten tanzen. So wie Carla, die keine Unterweisung nötig hat und Mikis offenbar als eine Art Hilfs-Tanzlehrerin unterstützt.

»Natürlich kannst du bei uns mitmachen«, hat Mikis bei meinem Anruf vor ein paar Tagen gesagt. »Vorausgesetzt, du kannst mithalten. Wir können nämlich niemanden gebrauchen, der den ganzen Ablauf bremst.« Mit den Augen verfolge ich die getanzten Schrittkombinationen, versuche, sie mir einzuprägen, damit ich den Ablauf nicht bremse. Es will mir nicht gelingen.

»Mikis, gibst du auch Anfängerkurse?«, frage ich in der nächsten Musikpause.

»Nein, auf Anfänger habe ich keine Lust. Aber es gibt hier einen Anfängerkurs, donnerstags um fünf. Den hält ein anderer Lehrer. Da sind aber nur Deutsche drin.«

»Und wo gibt es einen Kurs für Griechen, die noch nicht so gut tanzen?«, frage ich.

»Gibt's nicht, nirgends!«, ruft eine Dame mit kurzen braunen Locken.

»Wir sind der einzige Kurs mit Griechen«, bestätigt Mikis.

»Der einzige hier im Griechischen Haus?«

»Nein, der einzige in München. Vielleicht sogar in ganz Deutschland«, sagt Mikis augenzwinkernd.

»Und was machen all die anderen Griechen hier um diese Zeit so?«, frage ich.

»Die sind Langweiler und sitzen jeden Abend vor dem Fernseher«, sagt die Gelockte, und alles lacht.

Da setzt die Musik auch schon wieder ein.

»Komm schon, tanz!«, sagt Mikis. »Dazu bist du doch hier!«

Da öffnet sich die Schlange plötzlich, zwischen dem Mann mit den hellen Augen und dem schlaksigen Halbundhalb. Ich werde an den Händen gefasst und einfach mitgerissen.

Die ersten Tänze kriege ich gar nicht richtig mit. Ich erinnere mich nur an Füße: Carlas winzige in den schwarzen Socken, viel zu weit weg und viel zu flink, um mich daran zu orientieren. Mikis' hellblaue, mal links vorne, dann am anderen Ende des Raumes, in einer exaltierten Drehung. Und nie da, wo ich sie eigentlich bräuchte: exakt vor mir.

Außerdem: kleine braune Damenfreizeitschuhe, die unbeirrte, sichere Bewegungen ausführen. Kleine graue Turnschuhe, die ein wenig schlampig über den Holzboden schleifen. Kleine schwarze Damenturnschuhe, kleine weiße Damenturnschuhe.

Und große weiße Damen-Sneakers (das sind die von Maria, einer Österreicherin – es gibt nämlich doch Ausländer in der Runde, wie ich später mitbekomme).

Schließlich, direkt neben mir – riesige schwarze Adidas-Schuhe: die Schuhe von Halbundhalb, dem schlaksigen jungen Tänzer.

Ich starre auf Adidas. Adidas hat es raus! Nicht zu tänzelnd, nicht zu schlampig. Und irgendwie einen Tick langsamer als die anderen. Wahrscheinlich wirkt es nur so, weil seine Füße groß sind. Jedenfalls kann ich Adidas folgen.

Bis jetzt bin ich einfach irgendwie mitgehoppelt. Wie ein verstörter Osterhase, um nicht den Ablauf zu bremsen. Ab jetzt halte ich mich an Adidas.

Adidas überkreuzt den linken Fuß vor dem rechten. Ich überkreuze den linken Fuß vor dem rechten. Adidas hebt das rechte Bein. Ich hebe das rechte Bein. Adidas tippelt weiter. Ich tipple weiter. Dann tipple ich mit dem falschen Fuß zuerst. Aber jetzt: Adidas links über Kreuz. Ich links über Kreuz. Mein Gesicht glüht. Die Waden schmerzen, jetzt schon.

Als ich aufblicke, stehen plötzlich noch zwei Neuankömmlinge vor mir. Vor lauter Adidas habe ich sie noch gar nicht bemerkt.

Große Begrüßung, viel Schulterklopfen. Es handelt sich um den vermissten Takis und Mimi, seine Frau. Takis ist schmal, hat dunkles Haar, ein freches Dauergrinsen, und ist »Fünfundvierzig Minuten zu spät!«, wie Mikis vorwurfsvoll bemerkt.

»Na und?«, sagt Takis, »jetzt sind wir doch da!« Besonders Mimi, sie steht wie ein Ausrufungszeichen im Raum. »*Exandrik*«, exzentrisch, würde meine Mutter ihren Stil anerkennend nennen: lange Flatterbluse, wild gemustert. Breites Haarband, Sechziger-Stil. Riesenbrille mit Designerlogo, filmstarlike. Dazu: kleine weiße Turnschuhe. Ich tanze wie Carla auf Strümpfen. Mikis hat vergessen, mir wegen der Turnschuhe Bescheid zu geben – und der Boden ist frisch renoviert.

Kurz darauf heißt es *tsouk*, dann werden die Menüwünsche notiert – und weitergetanzt. Nur: in neuer Formation. Adidas ist nun zwei Meter von mir entfernt. Der Osterhase hoppelt wieder querfeldein. Also ich. Hilflos dem Takt hinterher.

»Nun ein Tanz aus Kreta«, sagt Mikis, »aus Chania.«

»Jetzt gehen wir nach Kleinasien.«

»Dieser hier kommt aus Kos.«

»Jetzt Thrakien.«

»Kappadokien.«

»Pontos.«

»Leros.«

»Zypern.«

Überall gibt es typische Volkstänze. Überall, wo Griechen leben. Oder früher lebten. Sie haben sich ganz schön ausgebreitet in der Welt, das weiß man ja. Dass sie sich dort so viel Mühe gaben, sich knifflige Tänze auszudenken, die kein normaler Mensch nachmachen kann – das war mir nicht so klar. Ich habe es mir einfacher vorgestellt.

»Ist doch ganz einfach!«, sagt Mikis.

»Du machst wohl Witze!«, rufe ich ihm zu.

»Ach was! *Ena, thio, tria*«, sagt Mikis. Oder: »*Tsouk!*«. Oder: »Bam bam bam – und hopp!«

Ich mache: hoppel hoppel hoppel. Ein Schweißtropfen löst sich von meinem Nacken und rinnt mir den Rücken hinunter. Mikis beachtet mich nicht mehr. Vielleicht ganz gut so.

Und plötzlich habe ich eine Schrittfolge kapiert. Über Kreuz und hopp und gerade stehen. Dann Schlenker rechtes Bein.

Und wieder: kreuz, kreuz, hopp, hopp, gerade, Schlenker! Na also. Geht doch!

Jetzt könnte Mikis mich eigentlich wieder beachten!

Unnnnd Schlenker! Endlich macht es Spaß.

Mikis beachtet mich doch: »Du tanzt ja wie ein Mann!«, ruft er.

Ich strahle. Genau! Wie ein Mann. Ganz lässig!

»Ganz falsch«, sagt Mikis. »Frauen heben die Beine nicht so hoch. Frauen tanzen dezent.«

»*Chamila ta podia*«, sagt nun auch die Blonde in Leggings. Beine flach halten.

Ich kann sowieso nicht mehr. Ich muss mich setzen.

Ich sitze und höre der Musik zu. Ich höre die Lyra. Die Lyra ist ein griechisches Saiteninstrument, das einen Klang erzeugt, den ich immer schon nervig fand. Leidend. Kreischend. Nicht wirklich angenehm. Klingt für mich so ähnlich wie ein schottischer Dudelsack.

Solche Musik habe ich schon ab und an gehört, etwa im Radio, beim Griechenlandbesuch. Und immer gleich weggeschaltet. Es klingt, freundlich ausgedrückt, sehr speziell. Geigen sind auch dabei, ebenfalls kreischend. Ich lausche dem Gesang – es sind ja Lieder – doch die Worte kann ich nicht verstehen vor lauter Lyra-Leiden.

Ich hatte mir fette, fröhliche Bouzouki-Klänge vorgestellt. Bouzouki ist auch ein typisch griechisches Saiteninstrument, aber freundlicher. Es produziert klimpernde, mitreißende Musik, *bouzoukia* nämlich. Wenn man *bouzoukia* tanzt, ruft man: Ooooopa! Und streckt die Arme zur Seite. Ich habe das schon in griechischen Lokalen in Athen gesehen. Man macht lässige, verwegene Bewegungen. Ziemlich sexy. So hatte ich mir das vorgestellt.

Dies hier ist anders, sperriger. Es sind ja auch keine *bouzoukia*, sondern *laika tragoudia*, Volkslieder. Aus den entlegensten Ecken Griechenlands. Man hört ihnen die Entlegenheit förmlich an. Ich muss dabei an Bergdörfer mit ungepflasterten Straßen denken und an Ziegenhirtinnen, die in einer Tanzschlange über den Dorfplatz galoppieren, dass der Staub nur so aufwirbelt. Eine zahnlose Alte in Schwarz singt schrill gegen den Wind, von verschmähter Liebe vielleicht, oder von verdorbener Ernte. Dazu zetern Geigen. Beziehungsweise Lyras.

Dass die Musik hier so klingen würde, davon hatte ich keine Ahnung. Und dass die Tanzschritte so kompliziert sein würden. Aber was weiß ich schon von griechischen Volkstänzen? Nicht mehr als Deutsche.

Ich würde gern den Sirtaki können, den echten, wie ihn Anthony Quinn alias Alexis Sorbas in der Verfilmung des Romans von Kasantzakis tanzt. Die Musik dazu stammt von Mikis Theodorakis, aber den Tanz aus dem Film, den hat die Filmcrew damals extra für Anthony Quinn erfunden. Es heißt, Quinn wäre nicht tänzerisch begabt genug gewesen, um einen original griechischen Tanz zu lernen, darum haben sie ihm, angelehnt an den Chasapiko-Tanz, einen einfacheren choreografiert. So steht es jedenfalls in Wikipedia. Da habe ich extra nachgelesen, bevor ich abends in den Kurs marschierte. (Das kann aber gar nicht stimmen. Jeder, der jemals einen Chasapikos getanzt hat, muss es bezweifeln: denn der Chasapikos ist ganz simpel zu tanzen, und der Sirtaki ziemlich kompliziert. Aber das weiß ich jetzt noch nicht.)

Jedenfalls war der Sirtaki so schön und mitreißend, dass er

sogleich eingemeindet wurde und nun als moderner Volkstanz gilt. So etwas in der Art wollte ich gern lernen – Tanzen wie Alexis Sorbas!

Stattdessen: Lyra! Komplizierte Tippelschritte. Und: Frauen halten die Beine flach!

Immerhin habe ich mich bewegt, gut für die Fitness. Als hätte ich zwei Aerobic-Kurse hintereinander absolviert. Eineinhalb Stunden bereits, und die anderen tanzen immer noch.

Jetzt betritt noch ein Kursmitglied den Raum und setzt sich neben mich. Eine Frau, vielleicht Anfang fünfzig, sorgfältig geschminkt. Kostüm, bunte Schals um den Hals.

»Ich heiße Popi«, sagt sie. »Ich war gerade zu Besuch bei Bekannten, deswegen tanze ich heute nicht mit. Hab die falschen Schuhe an!« Stöckelschuhe aus Lackleder, ungeeignet für den frisch renovierten Boden.

»Aber ich wollte trotzdem vorbeischauen«, sagt Popi. Dann fängt sie einfach an zu erzählen: dass sie seit Beginn des Kurses vor Ewigkeiten dabei ist. Dass sie seit den Sechzigern in Deutschland lebt, Witwe ist, mit zwei Kindern. »Nur ein paar Mark pro Stunde habe ich am Anfang hier verdient. Nur ein paar Mark. Und damit habe ich meine Ausbildung zur Zahntechnikerin finanziert«, sagt Popi, und es ist klar, dass in ihrem Leben nicht immer alles ganz einfach verlaufen ist, auch wenn man das heute nicht mehr sieht, wegen des eleganten Kostüms, der Lackpumps.

»Wie alt sind die Kinder?«, frage ich – und stutze bei der Antwort: Eine Tochter ist schon achtunddreißig, hat selbst einen Sohn. Und die andere ist dreiunddreißig. Beide haben studiert, die Ältere macht gerade ihren Doktor. Popi ist sehr stolz auf ihre Mädchen, die sie aus eigener Kraft auf den richtigen Weg gebracht hat, allein, in einem fremden Land.

Aber: Schon so große Kinder? Sie sieht aus wie Anfang fünfzig. Sie ist über sechzig, sagt Popi.

»Ich habe auch Kinder«, erwähne ich, doch das will Popi jetzt kaum glauben und behauptet, sie habe mich für fünfundzwanzig gehalten (es ist ein wenig dunkel in der Ecke, in der wir sitzen).

Plötzlich nimmt mich Popi, die ich gar nicht wirklich kenne, in den Arm und küsst mich. Auf die linke Wange. Auf die rechte Wange. Und lacht. Weil wir beide schon so große Kinder haben. Weil wir beide noch so jung aussehen. Einfach so.

Und es ist schön. Gar nicht aufdringlich, sondern nett, warm, lieb gemeint. Griechisch!

Die Lyra spielt aus Mikis Laptop, laut und nervig. Aber ich freue mich trotzdem sehr, hier zu sein, unter Griechen. Und Griechinnen.

Später sitzen wir vor unseren *Souvlakia*, und es tobt die Krise: Wir schreiben März 2010, Griechenland steht vor dem Bankrott, und die deutsche Presse ist nicht gerade freundlich mit den Griechen umgesprungen. In dem kleinen Restaurant im Erdgeschoss wird es nun laut, sehr laut – sogar für griechische Verhältnisse.

Einer schimpft auf die Rankingagenturen, die das Land so katastrophal einschätzen, es geht um Spekulation, es geht um die Spanier, Portugiesen und Italiener, die doch auch in den Miesen stecken, es wird gestikuliert, geschimpft, ja geschrien. Und ich verstehe alles. Also zehn Prozent mehr, als ich in Griechenland verstehen würde. Das kommt daher, dass diese Griechen genauso sprechen wie meine Mama: Mischimaschi.

»*Afto ine* unfair!«, ruft Mikis gerade. Das ist unfair! Und die Berichterstattung habe mitunter »Stammtischniveau« – genauer: *Stahmtissnivo*.

Nur eine sagt nichts. Carla. Sie rührt in einem Cappuccino, lächelt viel, nickt viel. »*Ten tha fas?* Isst du nichts?«, frage ich sie. Sie guckt mich ein bisschen verwirrt an. »*Echis fai?* Hast du schon gegessen?« Sie lächelt, rührt im Kaffee. Zuckt mit den Schultern. »*Apo pote chorevis sto kurs?* Seit wann tanzt du in diesem Kurs?«

Nun kommt endlich eine Antwort, überdeutlich ausgesprochen: »*Then milao ellinika.* Ich spreche kein Griechisch.« Obwohl sie aussieht, als wäre sie einer griechischen Inselszene entsprungen. Sie ist Italienerin. Aber sie sagt, sie besitze eine griechische Seele.

Mittlerweile hat sich das Interesse Margarita zugewandt, die nun wieder in Griechenland lebt – eigentlich. Aber nicht wirklich, meint Mimi: »Für jemanden, der in Griechenland lebt, bist du ganz schön oft hier«, sagt sie mit leicht spöttischem Unterton.

»*Ti les kale!* Was du nicht sagst!«, antwortet Margarita. »Ich bin nur jetzt hier. Nur kurz, ein paar Wochen!«

»Und dann, wie lange bleibst du?«

»Ich bleibe dort! Wirklich, was soll ich hier?«

»Ich wette, in zwei Monaten bis du wieder da!«

»Ich besuche meine Kinder. Ich kann doch meine Kinder besuchen!«

Die Antwort: spöttisches Grinsen.

»Lass die Frau doch!«, sagt Mikis. »Ich werde es genauso machen. In zwei Jahren bin ich weg. Oder in drei. Syros, Kinder! Ich gehe nach Syros. War schon mal jemand von euch dort? Ein Traum, sage ich euch!«

»Dass ich nicht lache, Syros«, sagt Mimi. »Drei Monate gebe ich dir dort, höchstens sechs!«

»Warum? Wieso bist du so negativ?«

»Wieso?«, will auch ich endlich wissen.

»*Ta sinithismena.* Wie immer. Das hat man schon so oft erlebt«, sagt Mimi und nickt wissend. »Die Leute gehen zurück und wollen nur noch zu Besuch nach Deutschland kommen. Dann werden die Besuche aber immer länger und länger«, lacht sie.

»Warum eigentlich?«

»Man hat ja die Kinder hier«, meldet sich Vicky. »Auch wenn sie schon groß sind.«

Aber das ist nicht der einzige Grund. Man ist eben auch schon ein bisschen deutsch, nach all den Jahren hier.

»Ich staune schon manchmal, wie die Griechen denken«, sagt Alexis, als wäre er selbst nicht griechisch. »Wenn ich erzähle, dass ich Abteilungsleiter bei der Telekom bin, dann glaubt das keiner. Die sagen: Aber du bist doch Ausländer in Deutschland! Akzeptieren die dich überhaupt als Chef? Und ich sage: Klar, ich bin der Chef. Wenn ich zu den Mitarbeitern sage, tu dies oder das, dann wird das gemacht. Egal, wo du herkommst, Türkei, Italien, ganz egal. In Griechenland ist das noch nicht so. Da hast du zum Beispiel als Albaner größere Schwierigkeiten.«

»Außerdem sind wir in Griechenland in vielem so hoffnungslos hinterher! Denkt nur an Behinderte. Die haben es wirklich schwer dort. Da gibt es nicht mal rollstuhltaugliche Gehwege!«, sagt Panajota.

»Oder denkt nur an Homosexuelle«, sagt Vicky. »Stellt euch vor, ein homosexueller Politiker regiert in Griechenland – undenkbar.«

»Es war ja für viele sogar ein Thema, dass ich nicht verheiratet bin«, sagt Alexis von der Telekom, und an mich gewandt: »Ich war lange mit einer Frau zusammen, zehn Jahre, sie war auch Griechin. Aber wir haben nie geheiratet. Na und? Wieso muss ich denn unbedingt heiraten? Ist doch meine Sache, was ich tue! Hier in Deutschland jedenfalls sind die Leute viel toleranter.«

»Trotzdem, ich gehe nach Syros, ihr werdet schon sehen. Sobald ich in Rente bin«, sagt Mikis.

Ich dachte allerdings immer, Mikis wäre höchstens fünfzig.

»Von wegen!«, sagt Mikis. »Ich habe genug gearbeitet. In zwei Jahren werde ich fünfundsechzig, dann könnt ihr mich alle mal auf der Insel besuchen!«

»Und was soll Carmen hier ohne dich machen?«, fragt Mimi. Carmen ist Mikis' (junge) spanische Lebensgefährtin.

»Wer weiß, in welchem Land Carmen in ein paar Jahren arbeitet. Na und? Es gibt doch Flugzeuge. Dann führen wir eben eine Fernbeziehung!«

»Oder du suchst dir eine neue Freundin«, witzelt Stavros.

»Wer sagt denn, ich will eine neue Freundin?«, sagt Mikis.

»Aber wenn du wolltest – du würdest sofort eine finden. Eine ganz junge, hübsche!«, sagt Mimi.

Das denke ich auch – Mikis sieht ja ausgesprochen gut aus für sein Alter. Ich kann immer noch kaum fassen, dass er bereits so alt ist. Auch Popi hätte ich ja viel jünger geschätzt. Griechischer Volkstanz scheint ein regelrechter Jungbrunnen zu sein!

»Er würde aber auch sofort eine ganz Junge abkriegen, wenn er dick und hässlich wäre«, klärt Mimi mich auf: »Mit einer guten deutschen Rente in der Tasche – kein Problem.«

Ach so? Na gut, das gibt es ja überall auf der Welt. Geld macht attraktiv.

»Nicht überall auf der Welt!«, klärt Mimi mich erneut auf. »Bei den jungen Griechinnen ist das extrem. Viel mehr als anderswo. Ohne Geld geht da gar nichts!«

Ach so! Das wusste ich nicht. »*Wewea.* Na klar!«, sagt Mimi im Brustton der Überzeugung. »Du hast ja keine Ahnung!«

Stimmt. Aber darum bin ich ja hier!

»Die deutschen Frauen sind nicht so extrem aufs Geld aus, auch früher schon nicht, Ende der Sechziger, als ich hierherkam«, sagt Manolis.

»Da hast du ja ausreichend Erfahrung«, spottet Nikos.

»Kein Neid, Freunde, kein Neid – wir waren jung damals. Da haben wir das Leben genossen!«

»Das wüssten wir auch gern«, schmunzelt Nitsa. »Wie habt ihr denn das Leben genossen?«

»Das waren doch ganz andere Zeiten, damals. Da brauchten wir kein Geld!«, sagt Manolis. »Wir waren Hippies!« (»Chippies« ausgesprochen). »Damals hatte ich eine deutsche Freundin, die hatte Beine, bis zum Himmel, sage ich euch! Bis zum Himmel!«

»Du Glückspilz!«, sagt Mimi, und Nitsa verdreht die Augen: Immer diese Frauengeschichten.

»Wir haben mal in einer WG (»Weh Gäh«) zusammengewohnt, mit noch ein paar anderen. Der ganze Boden voller Matratzen, so haben wir gelebt damals. Da lagen wir so rum und diskutierten. Und wenn Besuch kam, sagten wir: Komm, setz dich! Zu uns auf die Matratze, wo wir geschlafen haben. So war das damals. Natürlich waren wir alle Kommunisten. Die Mädchen auch. Das war ein Leben! Da waren wir jung!«

»Deine Exfrau hat auch Beine bis zum Himmel!«, sagt Mimi.

»Ja, nicht wahr? Und was für blaue Augen. Wie Kristalle! Davor war ich mit einer zusammen, einer Malerin, die war verrückt nach mir, das glaubt ihr nicht. Total verliebt war die, dabei hatte ich keine Mark in der Tasche. Ich war ja noch Student. Darum ging es ja auch gar nicht. Renate, so hieß sie. Renata! Wir waren mal zusammen auf Mykonos. Nicht das Mykonos von heute. Ihr wisst ja, Mykonos, damals! Wir haben bei Mondschein gebadet. Und was wir nicht noch alles getan haben, bei Mondschein! Das Meer war warm wie in einer Badewanne, und sie sagte, es war der Sex ihres Lebens!«

»Das Meer ist nie warm auf den Kykladen«, sagt Vicky. »Kinder, ihr werdet mir doch zustimmen: Auf den Kykladen ist das Meer immer frisch. Da müsst ihr ja ziemlich gefroren haben bei Mondschein auf Mykonos«, sagt sie, und alle lachen.

»In dem Sommer damals war es warm. Warm wie im Paradies!«, sagt Manolis, und nun sind alle überzeugt und seufzen sehnsuchtsvoll – sogar Carla, die wohl ganz gut Griechisch versteht – und es nur nicht richtig sprechen kann.

»Ja, ja«, sagt Maria, die Österreicherin, und schüttelt den Kopf. »Mondschein auf Mykonos! Griechische Männer!« Sie hat anscheinend selbst einen.

»Was ist einzuwenden gegen griechische Männer? Ist dein Mann etwa kein hundertprozentiger Familienmensch? Ist er nicht ein hundertprozentiger Vater?«, sagt Mikis.

»Oder Takis? Der macht doch alles für seine Familie!«

»Vor allem zahlt er alles für seine Familie«, sagt Takis und verzieht das Gesicht.

»Und so gehört sich das!«, sagt Mikis. »Familie ist Familie.

Ich zahle auch für meine drei Kinder. Noch lange! Die sind ja immer noch nicht mit dem Studium fertig. Zahle ich eben, ist doch normal.«

»Das tust du«, sagt Carla, und streicht ihm über den Rücken. »Du bis ein guter Papa!«

Mikis strahlt. Dann zückt er das iPhone mit den Fotos seiner Kinder, und wir sitzen noch eine Zeitlang da.

»Die nächste Zeit fällt der Kurs aus, ich bin weg!«, sagt Mikis dann in der U-Bahn, denn wir haben den gleichen Heimweg. Er tanzt drei Wochen auf Festivals in Griechenland – die Dora-Stratou-Connection. »Erst eine Woche nach den Osterferien findet der Kurs wieder statt.«

»Drei Wochen ohne Tanz!«, sagt Carla, die ebenfalls mitfährt, deprimiert. »Das wird schwer!«

Aber: Darf ich überhaupt noch mal mitmachen? Denn das würde ich gern – trotz der nervigen Lyra. Doch vielleicht hat mein Osterhasengehoppel die Gruppe doch zu sehr aufgehalten …

»*Sovarologis?* Ist das dein Ernst?«, fragt Mikis. »Natürlich bist du dabei!«

Und dann – die U-Bahn-Türen schließen sich schon – ruft er mir noch etwas nach:

»*Filakia, filakia!* Küsschen, Küsschen!«

Erotomania – Leidenschaft auf Griechisch

Neben dem Essen ist die schönste Nebensache der Welt für griechische Männer: der Sex. Freilich gilt das wahrscheinlich für Männer (und Frauen) weltweit. In Griechenland aber wird darüber besonders gern referiert, und zwar nicht immer so stilvoll wie in Manolis' wehmütigen Reminiszenzen, sondern gern auch sehr konkret, in allen Details maskuliner Verbalerotik, so nach dem Motto: »Heute Nacht, aber hallo! Und zwar mindestens so und so oft, von oben, unten, links, rechts und sonst wo.« Die Sonne bringt bekanntlich die Hormone in Wallung, die Griechen aber denken offenbar auch bei schlechtem Wetter nur an Sex. Zumindest reden sie mehr davon als Männer anderer Nationalitäten.

Noch öfter als in der Realität kommt Sex aber in der Phantasie vor, und zwar in den Gedanken, die man sich über seine Mitmenschen macht. Darauf sind insbesondere all jene spezialisiert, die naturgegeben selbst gar nicht mehr so viel Sex haben: ältere Herren. Die sehen überall Sex – selbst da, wo kein Mensch ihn ansonsten vermuten würde. Und sie halten nicht damit hinterm Berg. Im Gegenteil, sie lassen alles raus. Das ist ihre Art, Frauen anzubaggern, es ist die Verbalerotik der schmutzigen alten Männer. Es sind natürlich nicht alle so. Aber manche:

Taxifahrt durch Athen, Ikonen baumeln am Rückspiegel, ans Armaturenbrett sind Fotos von den Enkeln gepinnt. Wir kommen ins Plaudern, der Fahrer wohnt mit seiner Frau im Viertel Koukaki, der Apartmentblock ist ganz neu, erst eine Nachbarin lebt auf dem gleichen Stockwerk – eine Witwe, um die fünfundfünfzig, kinderlos, ganz allein. Nun hat sie sich aber Hunde angeschafft. »Hoho!«

Wieso hoho?

»Das kennt man ja!«, meint der Taxifahrer.

Ich verstehe nur Bahnhof. Vielleicht stört ihn das Bellen?

»*Ochi*, die bellen nicht!«

Aber sicher machen sie Dreck. Doch das scheint nicht das Problem zu sein.

»Es sind Windhunde. Zwei schöne, große Windhunde. Mit denen hat die Dame sicher sehr viel Spaß!« Er schnalzt mit der Zunge.

Hoho. Nein, dass kann doch nicht sein Ernst sein!

»Das glauben Sie nicht wirklich!«, entfährt es mir. Wir stehen an einer Ampel. Er dreht sich um. Er blickt mich nur an, den Kopf geneigt, mit genervtem Augenaufschlag. Sie sind wohl schwer von Begriff!, sagt sein Blick.

Ich rege mich total auf: »Wie können Sie der armen Frau so etwas unterstellen! Das ist ja eklig! Und außerdem: Viele Leute haben doch Hunde! Deswegen müssen sie doch nicht gleich …!«

»Kommt ja auch darauf an, was für Hunde man hat«, beschwichtigt der Mann. »Ich sage ja nicht, dass eine Dame mit einem kleinen Pinscher oder so einem Schoßhündchen – neeein! Aber die Nachbarin hat so schöne, große Windhunde – nun, da ist doch wohl alles klar, nicht wahr?«

»Hat Ihre Frau denn Hunde?«, frage ich.

»Meine Frau!?«, sagt er, jetzt wirklich empört. »Natürlich nicht!«

Sex kommt in der griechischen Gesellschaft nämlich besonders oft als üble Nachrede vor. Das ist der reinste Sport, und die Damen mischen bei Sex-Unterstellungen munter mit. Alle stehen dabei unter allgegenwärtigem Sex-Verdacht – aber ein paar ganz besonders: zum Beispiel geschiedene Frauen.

Klar treibt es die Alleinstehende in Hausnummer siebzehn mit dem Bäcker, dem Metzger, dem Postboten und dem Installateur, das weiß ja die ganze Straße. Oder die hübsche Studentin, die mit ihrer Clique verreist und mit Freundinnen ein Urlaubsapartment teilt. »Die haben Sex reihum, jeder mit jedem!«, weiß die alte Insel-Vermieterin ganz genau und klagt, sehr laut: »*Bourdello mou to kanane to thomatio, bourdello!* Die haben mein Zimmer zum Bordell gemacht, zum Bordell! Jede Nacht feiern die Orgien, ist doch ganz klar!«

»Aber das Mädchen sieht doch eher schüchtern aus! Also, ich habe da nichts bemerkt!«, sage ich.

Die Alte blickt mich nur an, den Kopf geneigt, und verdreht genervt die Augen. »Sie leben wohl auf dem Mond!«, sagt ihr Blick. Dann watschelt sie rauf ins Dorf, um allen von der Studentin zu erzählen. Oder von mir. Denn wer weiß, was sie mir unterstellt …

»Die Leute hier haben einen Sex-Tick! Das ist doch krank!«, sage ich einmal zu Onkel Michalis. »Die Griechen *sind* krank! Krankhafte Erotomanen«, antwortet mein Onkel. Das komme daher, weil sie eigentlich verklemmt seien. »Darum entwickeln sie zu viel Phantasie!« Mit den jungen, modernen Griechen sei das aber ganz anders. »Die sind nicht mehr so fixiert auf Sex, denn die haben ja Sex. Da haben sie kranke Gedanken gar nicht nötig.«

Es gibt auch fast keine *kamaki* mehr, das waren die griechischen Aufreißer, die den Sex zu ihrer Lebensaufgabe erklärt hatten und jungen Mädchen auf Schritt und Tritt auflauerten. Ich habe schon seit Jahrzehnten keine mehr gesehen. Das liegt nicht nur daran, dass ich kein junges Mädchen mehr bin: Früher baggerten die *kamaki* auch ältere Mädchen an.

Die jüngeren aber konnten sich kaum unbehelligt durch die Stadt bewegen – im Schlepptau hatten sie immer ein paar Kerle mit weit aufgeknöpften Hemden und Goldkettchen auf dem Brusthaar, die pfiffen, schnalzten und anzügliche Worte raunten.

Nein, das gibt es nicht mehr. Die modernen jungen Griechen sind wie die Männer überall. Oder, Onkel?

»Du willst behaupten, Deutsche und Griechen sind gleich?«, sagt er und verdreht genervt die Augen: »Natürlich sind Deutsche und Griechen nicht gleich!«

Neo Faliro, Piräus, an der Straßenbahnendstation: Eine Gruppe junger Skater sitzt herum und wartet. Vielleicht fünfzehn, höchstens sechzehn Jahre alt. Sie tragen bunte Shirts, kurze Hosen, lange Haare; ab und an springt einer auf und klappert ein wenig auf seinem Board herum. Sie wirken wie alle Skater überall auf der Welt.

Da tauchen zwei Mädchen mit langen, braunen Haaren auf und setzen sich ein paar Meter weiter hinten auf eine Bank. Was jetzt gleich passieren wird, weiß ich genau, ich als Mutter habe ja selbst ständig Fünfzehn-, Sechzehnjährige im Haus: Jetzt tun die Jungs gleich sehr cool. Gucken (fast) gar nicht rüber. Um dann »zufällig« in der Straßenbahn neben den Mädchen einzusteigen und sie wie nebenbei zu fragen, ob sie nicht vielleicht mitkommen wollen nach XY. Noch viel wahrscheinlicher passiert allerdings: nichts. Ich kenne doch die Kids.

Die griechischen Kids von heute kenne ich aber noch nicht: Dreißig Sekunden nach dem Aufkreuzen der Mädels stehen zwei der Jungs vor ihnen, sie quatschen sie voll, sie werfen sich in Pose, tanzen vor ihnen herum. Großes Gejohle und Gelächter bei den übrigen Jungs. Anfeuernde Sprüche per Handy. Ein irrer Trubel.

Dann kehrt die Vorhut zurück, mit stolz geschwellter Brust. Mit Fotos auf ihren Handys, von den Mädels. Sie werden gefeiert wie Helden. »Ich bin verliebt, ich bin verliebt«, kreischt einer im Spaß, und der andere macht dabei unmissverständliche Bewegungen mit der Hüfte.

Neben den Skatern sitzen noch zwei Jungs, ein rundlicher und ein schmaler. Sie sind schon älter, vielleicht neunzehn, zwanzig, sie tragen Schwarz und haben ihre Umhängetaschen mit politischen Parolen bemalt. Sie mustern die Skater mit vernichtenden Blicken.

Die sind ganz anders drauf, denke ich. Alternative Szene, politisch bewusst und so. Die würden nie ordinäre Bewegungen mit der Hüfte ausführen – solche Typen zollen Mädchen Respekt.

Die Schwarzgekleideten flüstern sich nun etwas zu. Es geht immer hin und her. Sie kichern. Wahrscheinlich lästern sie gerade über die Skater, denke ich. Tatsächlich aber reden sie über Mädchen. Und zwar so:

»*Tetja wisopragmata!* Solche Tittendinger hatte die, das kannst du mir glauben«, entfährt es dem Dünnen, und er formt die Hände vor der Brust, als hielte er Melonen.

»*Ti les re!*«, sagt der Dicke staunend. Was du nicht sagst!

»Doch, wirklich, glaub's mir, mein Freund!«

2. Stunde: Improvisation mit Servietten

Ich komme aus der U-Bahn und stoße fast mit zwei alten Griechen zusammen: Sie haben ganz verwitterte Gesichter, wie alte Fischer sehen sie aus. Mitten im Münchner Westend! Sie stehen nur so auf der Straße herum und reden, wie alte Männer in Griechenland das auf der Straße so tun. Einer dreht sogar ein *komboloi* in der Hand – nein, es ist doch nur ein Schlüsselbund.

Auf der feuchten Wiese kicken ein paar Kinder, ich höre lautes Rufen: Wieder Griechisch! Es sind aber auch viele kleine Türken dabei. Bis auf die Temperaturen ist es ein bisschen wie im Süden hier, das stimmt mich auf griechischen Volkstanz ein. Überhaupt ist das Stadtbild im Westend viel gemischter als im glatt sanierten Haidhausen, wo ich wohne und wo die Ausländer so gut assimiliert sind, dass man sie gar nicht mehr erkennt. So wie mich.

Es ist Frühling geworden in den drei Wochen seit meiner ersten Tanzstunde, jetzt ist es noch hell, und da vorne kommt mir der griechische Chor entgegen: Die rundlichen Damen schieben sich rauchend durch die Straße und palavern über das Singen. Eine bleibt kurz stehen, legt die Hand auf ihr Zwerchfell, stimmt einen Ton an. Dann geht sie weiter und zieht kräftig an ihrer Kippe.

Oben im Tanzraum ist es noch leer, die anderen sind in der Garderobe und ziehen sich um. Da kommt Carla, humpelnd:

Sie war im Osterurlaub in Jordanien, und dann, am Münchner Flughafen, ist ihr einer mit dem Rollkoffer voll über den Fuß gefahren. Jetzt passt der Fuß nicht mehr in den Schuh, sie hat ihren Slipper hinten aufgeschnitten. Tanzen will sie trotzdem. »Ich muss einfach! Die drei Wochen habe ich fast nicht ausgehalten!«

Mikis ist ganz hektisch heute, total gestresst: Er hat drei Wochen lang getanzt. Das ist aber nicht das Problem. Er hat nämlich außerdem 3500 Kilometer am Steuer seines Wagens zurückgelegt, zu den Festivals, die er besuchte. Er kam mit der Fähre aus Ancona, dann ging es nach Korfu, nach Athen – und über Patras wieder zurück. Er sieht aus, als hätte er ein paar Kilo Gewicht in Griechenland liegen gelassen: sehr schmal.

Popi war auch weg, in Tripolis. Und sie hat ein Geschenk mitgebracht: einen blutroten Schal für Mikis. Sie legt ihn ihm sorgfältig um. Mikis freut sich, nimmt sie in den Arm, und sie scherzt: »Für dich würde ich doch alles tun! Dich würde ich sogar heiraten!«

»Takis kommt heute nicht«, sagt Mikis, als Nitsa, die Blonde, erscheint.

»Takis fehlt heute«, erklärt er Panajota und Maria, der Österreicherin, als sie aus der Umkleide kommen.

»Heute tanzen wir ohne Takis«, sagt er, als Lazaros und Vicky sich in die Schlange stellen.

Und: »Habt ihr schon gehört: kein Takis heute!«, als Stavros und Markos sich dazugesellen.

»Takis, das ist doch der, der gefragt hat: »Was essen wir heute?«, sage ich.

»Ja, genau. Er hat immer Hunger«, lächelt Mikis.

»Und wo ist er?«

Mikis senkt die Stimme: »Sein Vater ist tot!«

»Du liebe Güte«, entfährt es mir.

»Mach dir keine Gedanken, es geht ihm gut. Also Takis, nicht dem Vater«, sagt Mikis. »Der Vater war ja schon weit über neunzig! Aber trotzdem: Jetzt kann Takis vierzig Tage lang nicht tanzen. Und Mimi natürlich auch nicht.«

»Warum denn genau vierzig Tage?«, wundere ich mich.

»Na, das ist doch die Trauerzeit«, sagt Nitsa, ein bisschen vorwurfsvoll, als würde ich mal wieder gar nichts verstehen. Was ja auch wahr ist!

Die Runde ist klein heute. Anscheinend wussten schon einige, dass Takis heute nicht kommt. Takis ist offenbar so was wie der Mittelpunkt des Tanzkurses, neben Mikis. Außerdem nimmt er immer ein paar Leute mit dem Wagen mit, und die fehlen nun.

Für mich ist das Fehlen der anderen natürlich ideal: In einer kleinen Gruppe tanzt es sich viel leichter. Mikis ist immer genau vor meiner Nase. Markos und seine großen Adidas-Turnschuhe sind nie zu weit weg. Und neben mir tanzt Nitsa. Sie hält meine Hand fest in ihrer und zieht mich mit. Ich schlage mich wacker, irgendwie. Ich erkenne sogar einen Tanz wieder, vom letzten Mal. Ich fühle mich dabei so sicher, dass ich sogar den Kopf hebe. Nur einen Moment. Dann bemerke ich, dass Mikis mir zusieht, und schon verheddern sich meine Beine.

Und nun soll ich auch noch auf meine Arme achten: Normalerweise halten wir uns einfach an den Händen. Oder an den Schultern. Es gibt aber auch Tänze, bei denen wir mit den gefassten Händen schwingen müssen. Auf und nieder.

Besonders oft ist das bei den Tänzen aus Thrakien der Fall. Da geht es nicht nur im Kreis herum, sondern wir bewegen uns mit den gefassten Händen auch in die Mitte des Raumes, so dass unser Kreis kleiner – und dann wieder größer – wird. Und dabei schwingen die Arme auf und ab.

Wenn ich aber auf die Arme achte, kommen meine Beine durcheinander. Wenn es dann mit den Beinen wieder klappt, schreit Mikis: »Hände! Hände! Denkt an die Hände!«

»Ich gehe jetzt mal ein bisschen nach vorne, zu meiner Freundin«, sagt Panajota dann von ihrem Platz in der Schlangenmitte aus und geht zu Nitsa, die wie meistens als Zweite in der Schlange neben Carla tanzt.

Plötzlich ist Popi verstimmt: »Immer tanzen dieselben da vorne! Das ist auch der Grund, warum Sofia aufgehört hat!«

»Was redest du? Sofia hatte einfach dienstags keine Zeit mehr«, sagt Mikis.

»Doch, doch, so war es. Und Alexandra hat auch deswegen aufgehört«, sagt Popi.

»Stimmt doch gar nicht!«, mischt sich Nitsa ein. »Jeder kann doch tanzen, wo er mag.«

»Genau, jeder tanzt, wo er will!«, bestätigt Vicky.

Vielleicht liegt es an mir, denke ich. Vielleicht geht es gar nicht so sehr darum, ob jemand vorne oder hinten tanzt, sondern darum, wer neben mir tanzen muss. Vielleicht nerve ich alle neben mir mit meinem Gestolper.

»Nein, nein, ich weiß schon, was ich sage«, wiederholt Popi. »Immer dieselben tanzen vorne!« Und dann ist sie plötzlich weg. Gekränkt. Genauer: *parexigimeni*. So heißt das auf Griechisch.

Wir Zurückgebliebenen sind baff und sagen erst mal gar nichts – zwei Tänze lang. Dann meldet sich Vicky wieder: »Was hatte sie denn? Es ist doch ganz egal, wo man tanzt.«

»Sie kann doch ruhig selbst ganz nach vorne. Wann immer sie will!«, sagt Eleni.

»Natürlich, natürlich. Jeder tanzt, wo er will. Jeder! Ich will gar nichts mehr darüber hören! Also, weiter geht's!«, sagt Mikis, und es geht weiter. Aber alle sind viel stiller als sonst.

»Was essen wir denn jetzt? Wir müssen doch unten Bescheid geben, wer wie viele *Souvlakia* nimmt!«, sagt dann plötzlich Panajota und übernimmt damit Takis Part.

»Nein, heute kann ich nicht!«, sagt Mikis. »Viel zu tun. Bin ja noch gar nicht richtig aus Griechenland zurück, und nachher muss ich dringend gleich nach Hause.« Keiner widerspricht. Dann eben kein Essen heute. Aber plötzlich ist auch noch Lazaros weg.

Später gehe ich mir in der kleinen Teeküche schnell ein Glas Wasser holen, da sehe ich ihn: Er sitzt an einem Tischchen im Gang, blättert in einer Zeitschrift und zwinkert mir zu.

»Was ist, keine Lust mehr zu tanzen?«

Er grinst ein bisschen spöttisch: »Ach, weißt du, wenn Mikis essen will, dann essen alle. Aber wenn er keinen Hunger hat, dann sollen wohl alle nach Hause!«

»Wir können doch trotzdem nach dem Tanzen essen«, schlage ich vor.

»Ich tanze heute nicht mehr. Ich gehe *Souvlakia* essen, und zwar sofort!« Und er lächelt verschmitzt: »Tanzen kann ich ja schon!« Dann geht er runter, ins Lokal.

Mikis hat in der Zwischenzeit Stoffservietten ausgeteilt. Wir müssen uns als Paare zusammenstellen, dabei halten wir uns nicht an den Händen, sondern an den Servietten. Hätte ich so einen Tanz nicht schon mal im griechischen Fernsehen gesehen – ich wäre sehr überrascht gewesen über die merkwürdige Idee. Nun bin ich nur noch erstaunt, dass wirklich

ich das bin, die sich hier an einer Serviette festhält und dabei kleine hastige Schrittchen macht.

Wie die Schrittfolge ablaufen soll, verstehe ich allerdings nicht. Was machen die da eigentlich?

»Das wird ganz individuell getanzt!«, ruft Mikis mir zu: »Improvisation!« Er sagt es auf Deutsch und betont jede Silbe: »Im-pro-vi-sa-tion!«. Ich tipple also einfach so in der Gegend herum. Aber anscheinend doch irgendwie nicht korrekt. Meine Tanzpartnerin, Nitsa, sieht mich etwas unglücklich an: Wahrscheinlich verpatze ich ihr den schönen Tanz!

Die Servietten behalten wir in der Hand, dann dimmt Mikis das Licht. Die Musik wird schwer und leidenschaftlich: Eine Frauenstimme klagt aus tiefstem Herzen, und Mikis schleift dazu die Beine schwer über das Parkett. Macht dann ein paar wankende Schritte, wie besoffen. Und schleift wieder, schleift …

Das ist, was die Schritte angeht, schon näher an Alexis Sorbas dran, als alles, was wir bisher gemacht haben. Und die Musik – das sind sicher Rembetika! Die tieftraurige, mitreißende Musik der Kleinasien-Flüchtlinge, die Anfang des vergangenen Jahrhunderts nach Griechenland kamen und ihr Hab und Gut in der alten Heimat zurückließen. In Griechenland schlugen sie sich dann nur mit Mühe durch, und in dunklen, verqualmten Kellerlokalen am äußeren Rand von Piräus, da, wo die Flüchtlingsviertel entstanden, entwickelte sich diese Musik, die von Schicksalstragik erzählt.

Eine verruchte Szene war das damals, die Verzweiflung war groß und wurde herzzerreißend zelebriert, es wurde Raki gesoffen, die ganze Nacht, es gab haufenweise Drogensüchtige, *hashiklides*, und nun, im zweiten Stock des Griechischen Hauses Westend, ist eine herrlich dunkle Ahnung davon zu spüren, als hätte Mikis uns entführt in eine Kaschemme im Hafen von Piräus im Jahr 1932!

Doch plötzlich macht Nitsa das grelle Licht wieder an und sagt fröhlich: »Jetzt aber Schluss mit der Dunkelheit!«

»Was hast du? Was ist mit dir los?«, ruft Mikis. »Du zerstörst ja die ganze Atmosphäre!«

Aber Nitsa lacht nur und sagt: »Kinder, es ist schon halb zehn. Ich gehe mich jetzt mal umziehen.« Und dann gehen sich alle umziehen.

Im Treppenhaus treffe ich Nitsa wieder, sie trägt jetzt ihre normale Kleidung: Schick unaufgetakelt zum flotten blonden Kurzhaarschnitt. Und sie hat gerade eine Bonbontüte aus ihrer Handtasche geholt.

»*Pare mia karamela.* Nimm einen Bonbon«, sagt sie, und streckt mir die Tüte entgegen.

Ich will aber eigentlich keinen Bonbon, nein danke.

»Doch, nimm, nimm!«

»Nein, ich will wirklich nicht, danke!«

»Nimm schon, *ela*, komm! Die sind gut!«, sagt Nitsa, die noch nicht weiß, wie deutsch ich bin. Denn wenn die Deutschen nein sagen, meinen sie nein. In Griechenland gehört es aber zum guten Ton, erstmal nein zu sagen. Und dann noch ungefähr fünfzig Mal nein. Weil das alle Griechen wissen, bieten sie immer weiter an. Bis man etwas nimmt.

Also nehme ich endlich eine *karamela*. Schmeckt lecker, tatsächlich.

»Siehst du!«, sagt Nitsa.

Draußen neben dem Griechischen Zentrum steht ein Fahrrad angelehnt, mit einem Metallkorb auf dem Gepäckträger. Darin ist eine Werbebeilage ausgebreitet – damit nichts unten durchfällt.

Plötzlich wird Nitsa übermütig und wirft ihr zerknülltes Bonbonpapier in den Korb.

»*Ooopa!*«, ruft sie ausgelassen.

»Huch!«, meint die Deutsche in mir erschrocken. »Nur gut, dass der, dem das Rad gehört, dich jetzt nicht sieht!«, rutscht es mir raus.

»Das gehört doch Lazaros«, sagt Nitsa.

»Oh weh«, meine ich, und sehe mich um. Nicht dass Lazaros etwa gerade aus dem Fenster schaut und mitbekommen hat, dass Nitsa ihren Müll in seinem Fahrradkorb entsorgt.

»Ach, du kennst ihn schon länger? Das wusste ich gar nicht!«, sagt Nitsa.

»Nein, ich kenne Lazaros erst ganz kurze Zeit, wie euch alle. Wie kommst du darauf?«

»Weil du doch so erschrickst! Deswegen dachte ich, du kennst ihn vielleicht schon länger. Es ist nämlich so: Lazaros ist sensibel. Darum ist er schnell *parexigimenos*, gekränkt. Und wenn er sehen würde, dass ich mein Bonbonpapier in seinen Fahrradkorb werfe, dann wäre er sicher beleidigt.«

»Nein, ich hatte keine Ahnung!«

»Aber anscheinend hast du das trotzdem gleich erkannt«, sagt Nitsa, und dann müssen wir beide unerklärlicherweise kichern wie die Teenager, und wir kichern noch bis zur U-Bahn-Station. Als wäre es ganz außergewöhnlich, dass einer beleidigt ist, wenn man Bonbonpapier in seinen Fahrradkorb schmeißt. Und völlig normal, Müll in anderer Leute Körbe zu werfen.

An der Station wird es dann aber traurig, denn Mikis, Carla und Stavros unterhalten sich gerade über den Tod von Takis' Vater. »Der Mann war ja alt, über neunzig!«, sagt Mikis. »Er hat sein Leben gelebt! *Endaxi*, okay, wenn einer dann geht.

Aber denkt nur an Periklis! In der Mitte seines Lebens! Und dann plötzlich: aus, Schluss, vorbei!«, sagt Mikis.

Doch wer war Periklis?

»Einer aus dem Kurs. Er war von Anfang an dabei«, sagt Carla, und wir steigen alle in die U-Bahn, wo Carla tief seufzt und sagt: »Ich weine auch noch oft um Iulia, die Süße!«

»Iulia, unvergesslich!«, sagt Mikis und seufzt sehr tief: »Sie hatte sich doch so auf den Vorruhestand gefreut!«

»Und dann?«, wage ich zu fragen.

»Es passierte von einem Moment auf den anderen. Nur ein paar Monate nach dem Beginn des Vorruhestands. Am Abend davor war sie ja noch tanzen! Und dann, ohne jede Vorwarnung ...«

»Was ist denn passiert?

»Herzinfarkt!«

Wir schweigen.

»Und Periklis? Was war mit ihm?«

»Periklis! Der war ein Bild von einem Mann!«, sagt Mikis. »So groß!« Er deutet nach oben. »So breit. Wie ein Bär. Und tanzen konnte der! So eine Energie! Und immer gut drauf!«

»Und dann?«

»Auch Herzinfarkt!«

»Auch?«, sage ich verunsichert. Anscheinend sterben die Volkstanzgruppenmitglieder wie die Fliegen. Ausgerechnet an Herzinfarkt! Und ich dachte, Tanz hält fit und jung. Aber anscheinend wird man dabei nicht alt ...

Nitsa und ich müssen an derselben Station raus, und die bedrückte Stimmung aus der U-Bahn begleitet uns noch, als wir mit der Rolltreppe hinauffahren.

»Nitsa, sind das nicht ganz schön viele Leute von der Tanzgruppe, die gestorben sind?«, frage ich schließlich, als wir oben ankommen. Ich neige nämlich dazu, in Ereignissen Zeichen zu sehen. Das ist so eine Art Aberglauben. Wahrscheinlich auch griechisch …

»*Burthes.* Quatsch«, sagt Eleni. »Menschen sterben eben!« Sie scheint eine von den pragmatischeren Griechinnen zu sein. »Wir tanzen seit Ewigkeiten zusammen, und in dieser Zeit sind nur zwei Kursmitglieder gestorben. Zwei, in all den Jahren – das ist wahrscheinlich ein ganz normaler Schnitt. Du musst bedenken, dass über die Jahre sehr viele Leute bei dem Kurs mitgemacht haben. Ungefähr hundert oder so!«

Ich schließe bereits mein Rad auf, das an der Station steht, Nitsa ist schon zu ihrer Straßenbahn weitergegangen, da dreht sie sich noch mal um.

»Übrigens: Schau beim Tanzen besser nicht immer auf Markos' Füße!«

»Warum?«

»Markos ist auch erst seit kurzem im Kurs. Er kann selbst noch nicht so gut tanzen. Er macht Fehler!«

»Ach so?«

»Schau lieber auf meine Füße«, sagt Nitsa.

»*Endaxi!* Okay!«, rufe ich ihr nach, und: »*Kali nichta!* Gute Nacht!«

Parexigisis – griechische Missverständnisse

*M*issverständnis heißt auf Griechisch *parexigisis*. Fühlt sich jemand gekränkt, dann sagt man dazu: Er ist *parexigimenos* – er wurde missverstanden. Das Wort *parexigisis* bedeutet aber auch Streit. So als läge jedem Streit nur ein Missverständnis zu Grunde. Das könnte implizieren, die Gründe jeden Streites seien lediglich Missverständnisse, also lösbar.

Leider ist es nicht so einfach mit dem griechischen Missverständnis. Im Gegenteil, es ist hoch kompliziert: Die *parexigisis* – und die Angst davor – beherrscht das gesamte griechische Gesellschaftsleben. Es gibt sogar ein berühmtes Lied, in dem die *parexigisis* vorkommt, das stammt von dem großen griechischen Komponisten Manos Hatzidakis und wurde unter anderem von Melina Mercouri gesungen.

Eine Basis, auf der *parexigimata* – also Missverständnisse im Plural – entstehen, ist die griechische Höflichkeit. Doch die ist eine Kunst für sich, und Außenstehende tun sich sehr schwer damit, die Regeln zu verstehen. Ich jedenfalls als Halbgriechin habe sie nie so recht durchblickt.

Mit Manieren, wie wir sie kennen, haben die griechischen Höflichkeitsregeln nicht immer viel gemein. Schon gar nicht mit Tischmanieren. Zu rigide Tischmanieren sind eher etwas, über das man sich lustig macht, als handele es sich um längst überholte Verhaltensweisen, die nur von sehr alten Damen oder schrulligen Engländern gepflegt werden. Wer sein

Essen im Griechenlandurlaub also gern mit den Ellenbogen auf dem Tisch hineinschlingen möchte, muss sich keinen Zwang antun. Dadurch fühlt sich keiner brüskiert, im Gegenteil: Der Mensch lässt sich's schmecken, und er macht sich dabei locker, werden sich die umsitzenden Griechen freuen. Überhaupt müssen sich Ausländer keine Sorgen machen, eine *parexigisis* auszulösen: Teil des griechischen Höflichkeitsverständnisses ist es nämlich, sehr tolerant mit Ausländern umzugehen. Die wissen es eben nicht besser.

Ich weiß es auch nicht besser, darum habe ich bereits im Alter von etwa dreizehn Jahren mit meiner Cousine Anna ausgemacht, dass sie meinetwegen nie *parexigimeni* sein darf: »Wenn ich irgendwas falsch mache, ist das keine Absicht, und ich meine es nicht böse. Ich verstehe nur einfach die Regeln nicht, und ich habe auch keine Lust darauf!«

Anna hat gelacht und genickt, und wir hatten danach nie mehr Probleme mit Missverständnissen.

Weil ich keine Lust darauf hatte, kenne ich nur wenige von diesen Regeln: Man fragt Frauen nie nach ihrem Alter, auch nicht, wenn sie noch sehr jung sind. Das habe ich mitbekommen und befolge ich. Außerdem weiß ich, dass es keine Chance gibt, griechische Missverständnisse zu umgehen. Sie passieren, sie sind völlig unausweichlich, denn die griechischen Höflichkeitsregeln kollidieren mit der griechischen Mentalität, und alle Griechen befinden sich im permanenten Prozess des sich Missverstehens.

Zum Beispiel gehört es zur griechischen Mentalität, sich nie festlegen zu wollen. Wenn zum Beispiel jemand seinen Besuch ankündigt, dann lässt er oft völlig offen, wann dieser Besuch stattfinden wird. Und es wäre absolut unhöflich, darauf zu beharren, erfahren zu wollen, ob die Besucher nun um sechs, um sieben, um acht oder überhaupt vorbeischauen wollen.

Wenn man dann aber denkt, die kommen heute gar nicht mehr, und mit der ganzen Familie nur für ein paar Minuten um die Ecke zum Eisladen läuft, und in diesem Moment kommen die Besucher und stehen vor der Tür, in ihren besten Sachen und mit kleinen Gastgeschenken in der Hand – dann hat man natürlich verloren. Es ist nämlich sehr unhöflich, einfach wegzugehen, wo doch (vielleicht, eventuell) Besucher vorbeikommen wollten. Die warten dann auch keine Sekunde, sondern ziehen beleidigt ab und schmollen. Solche Szenen habe ich in meiner Kindheit im Haus der Großeltern schon öfter erlebt.

Und wer dann, ganz deutsch, sagen würde: Aber ihr wusstet doch noch gar nicht, ob ihr überhaupt vorbeischaut, und warum zum Kuckuck könnt ihr nicht einfach eine Uhrzeit nennen? – dem würde nur verziehen, wenn er, wie ich, aus dem Ausland stammt!

Eine ständige Quelle griechischer Missverständnisse sind Restaurantbesuche, wenn es an das Bezahlen der Rechnung geht. Die unkomplizierte Lösungsvariante des Rechnungsproblems, wie man sie in Deutschland pflegt – nämlich: Jeder zahlt, was er selbst konsumiert hat, oder: Man teilt die Rechnung – geht in Griechenland nämlich absolut gar nicht. Einer zahlt! Fragt sich nur, wer. »Darüber sind schon die besten Freundschaften in die Brüche gegangen«, bekundet mein Onkel Michalis.

Nun ist es nicht etwa so, dass alle andauernd beleidigt sind, weil sie die Zeche für die ganze Runde blechen sollen, sondern ganz genau umgekehrt: Man streitet darum, wer bezahlen *darf*. Man geht unauffällig zur Toilette und zahlt heimlich beim Kellner, oder man streitet lautstark am Tisch und reißt sich permanent gegenseitig die Rechnung aus der Hand, oder man nimmt dem Kellner das Geld des anderen wieder aus der Hand und legt ihm die eigenen Scheine hinein. Das ganze Prozedere kann gut eine viertel oder halbe Stunde in Anspruch nehmen, und danach sind alle irgendwie muffig. Weil sie nicht zahlen durften oder weil sich die anderen so gewehrt haben, als man zahlen wollte, oder weil immer die anderen zahlen, und so weiter.

Der ursprüngliche Grund für die griechische *parexigisis* ist der griechische Minderwertigkeitskomplex, philosophiert mein Onkel, was ich zunächst nicht verstehe. Auf mich wirken die Griechen gar nicht komplexbeladen. »Oh doch!«, sagt Onkel Michalis. Bei der typischen Restaurantzankerei um die Rechnung denken die Griechen (das ist, wenn der Streit erboste Ausmaße annimmt): Du glaubst wohl, du bist was Besseres als ich, weil du immer für alle zahlst! Oder: Für wie arm und beruflich erfolglos hältst du mich, wenn du glaubst, ich könnte nicht die ganze Runde aushalten!

Und dann kommt der Katzenjammer! Und allen tut es leid. Man wollte sich doch gar nicht missverstehen, und deswegen heißt es in den meisten Fällen bald wieder: Schwamm drüber!

Allerdings gibt es auch ein paar extreme Fälle griechischer *parexigisis*, und einer davon endete sogar blutig. Mein Onkel kann sich noch gut daran erinnern:

Es spielte sich irgendwo in der griechischen Provinz in den Siebzigerjahren ab, als der rabiate Trunkenbold des Dorfes an einem Samstagabend die örtliche Taverne betrat, in der an jenem Abend gerade die Musiker des Ortes *bouzoukia* spielten. Nun war es üblich, sich bei solchen Veranstaltungen von den

Musikern spezielle Stücke zu wünschen, und dazu drückte man ihnen ein paar Drachmenscheine in die Hand. Ob die kleine Kapelle das Stück, das der Säufer sich wünschte, gar nicht kannte, oder ob er von anderen Gästen, die ebenfalls ihre Musikwünsche äußerten, ausgestochen wurde, weiß Onkel Michalis heute nicht mehr so genau. Jedenfalls fühlte der Trunkenbold sich derart brüskiert und *parexigimenos*, dass er zwei Musiker und drei weitere Gäste in der Kneipe umbrachte – darunter den jungen Dorfpolizisten, der an jenem Tag dort in Zivil feierte. Die Angelegenheit füllte damals wochenlang die Zeitungen in ganz Griechenland. Ebenso wie einige Jahrzehnte später, als der Mann schließlich von der Justiz wieder auf freien Fuß gesetzt wurde – »wegen guter Führung«, sagt Onkel Michalis und ärgert sich: »Als würden die Opfer durch die gute Führung wieder lebendig!«

Nun lebt der ehemalige Säufer geläutert in Athen, er hat sich seine Schuld von der Seele geschrieben, ein dickes, selbst verlegtes Buch ist dabei herausgekommen, das er gratis feilbietet, und damit wandert er durch die Straßen, der ganze Mann ein verzweifelter Rehabilitationsversuch. Mein Onkel hat ihn schon das eine oder andere Mal vor seinen Bücherstapeln auf der Straße stehen sehen. Der Titel des Werkes aber lautet: *Parexigisis*!

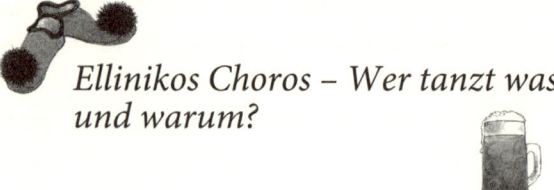

Ellinikos Choros – Wer tanzt was und warum?

Von dem wichtigsten Mitglied der Tanztruppe war noch gar nicht die Rede. Es handelt sich um eine Frau: eine Frau mit markanter Nase und einem weichen, lächelnden Mund. Auf dem Schwarzweißfoto, das ich von ihr gesehen habe, trägt sie imposanten, traditionellen Silberschmuck an den Handgelenken und über dem modernen schwarzen Rollkragenpullover. Ihr Name ist Dora Stratou.

Dora Stratou ist nie höchstpersönlich zum Tanz im zweiten Stock des Griechischen Hauses Westend angetreten – sie starb 1988 nach ereignisreichen Lebensjahren fünfundachtzigjährig in Athen – und doch ist sie sozusagen das ideelle Ehrenmitglied. Ohne Dora Stratou hätte es meine Tanzgruppe in ihrer Form nie gegeben, denn viele traditionelle Volkstänze wären wohl längst dem Vergessen anheimgefallen.

Dora Stratou wurde 1903 als Tochter des Athener Politikers und kurzzeitigen Ministerpräsidenten Nikolaos Stratos geboren, der nach der Niederlage gegen die Türken im sogenannten »Prozess der Sechs« als einer von drei Politikern und drei Militäroberhäuptern wegen Hochverrats angeklagt und im November 1922 hingerichtet wurde.

Dora studierte zu jener Zeit Tanz, Theater und Klavier in Athen. Nach der Hinrichtung ihres Vaters verließ sie mit ihrer Mutter Griechenland und studierte im Ausland weiter. Sie lebte in New York, Paris und Berlin und kehrte erst 1932 zurück nach Athen, wo sie auf Initiative von Königin Friederike von Griechenland beauftragt wurde, eine Schule für griechische Volkstänze zu gründen, die 1953 als *Theater Dora Stratou* eröffnete. Es wurde ein lebendes Museum für griechischen Tanz, der in der Kontinuität der griechischen Kultur der Antike gepflegt wird, und Dora Stratou verstand es offenbar, über die Jahrzehnte Finanziers und Förderer für dieses Anliegen an sich zu binden.

Choreografen und Tanzmeister gab es bei Dora Stratou nie, stattdessen hat das Theater von Beginn an Tanzgruppen (und Musiker) aus Dörfern eingeladen, die ihre Tänze präsentierten und sie den Tänzern des Theaters beibrachten, und zwar einfach, indem sie mit ihnen tanzten. Auf diese Weise wurde das Theater zur Ausbildungsstätte für Tanzlehrer, die das Kulturgut in seiner ursprünglichen Form pflegten und weitergaben. Dabei waren die regionalen Nuancen und Ausprägungen der unterschiedlichen Tänze das Forschungsgebiet des Theaters, in dem immer auf die originalgetreue Ausführung geachtet wurde.

Das Repertoire des Theaters ist gigantisch: Tänze aus rund achtzig Regionen werden in ihrer ursprünglichen Version – mit Original-Folkloretrachten, die Dora Stratou in den Regionen aufkaufte und der Requisite des Theaters zuführte – gezeigt. Höchstwahrscheinlich wären die meisten von ihnen ohne die Arbeit des Theaters längst in Vergessenheit geraten.

Mikis kannte die alte Kyria Dora noch, sie sei eine kleine, zarte Person gewesen und *poli glikia* – sehr süß und liebenswert. »Aber auch sehr streng!« Wenn jemand schlampig tanzte oder nicht mit dem angemessenen Ernst bei der Sache war, wurde sie ungehalten.

Das Theater ist mitten in Athen untergebracht – und doch auch im Grünen – mit einem Gebäude für den Winter, in dem Kurse abgehalten werden, und dem wunderschönen Freilufttheater unterhalb der Akropolis in der Philopappou-Straße, wo von Ende Mai bis Ende September abends die Aufführungen stattfinden. Es gibt eine feste Truppe aus fünfzig Frauen und Männern, dazu Gasttruppen aus Regionen mit besonders eigenständigen Traditionen – wie etwa aus Kreta oder dem Pontos, der Schwarzmeerregion. Außerdem gibt es Gasttänzer aus unterschiedlichen Dörfern und jedes Jahr zehn Plätze für besonders erfahrene Tänzer. Einer davon ist Michalis Kalogeropoulos, unser Mikis, der beispielsweise für 2011 einen solchen Platz angeboten bekommen hat.

»Und wir sind die Glücklichen, die hier in Deutschland davon profitieren«, sagt Carla immer, die kleine Italienerin, die bei Athen-Besuchen nie das Dora-Stratou-Theater auslässt, diesen Ort, »der Geschichte atmet«.

Griechische Volkstanzgruppen gibt es natürlich viele – in Deutschland, Spanien, England – aber ich hatte mit meiner zufällig echtes Glück: Als Dora-Stratou-Schüler kennt Mikis, »der Künstler«, Tänze aus den entlegensten Ecken des Schwarzen Meeres oder aus ganz Kleinasien. Und alle speziellen Formen, die in Kreta getanzt werden, und noch viel mehr.

Mikis wuchs nämlich direkt neben dem Theater Dora Stratou auf, in der Philopappou. Da schaute er als Vierzehn-, Fünfzehnjähriger einfach mal rein und tanzte mit. »Die Tänze aus Kreta hatten es mir besonders angetan, die haben mich gleich beeindruckt«, sagt er. »Und die Mädchen aus Kreta!«

»Aber eigentlich«, sagt Mikis, »wusste ich damals gar nicht recht, was ich da tanze.« So wie ich jetzt. »Das ist normal«, sagt Mikis. »es sind so viele Tänze.« Es dauert eine Weile, sie alle zu kennen. Mikis kennt wahrscheinlich alle, aber er beschäftigt sich ja auch schon seit fast fünfzig Jahren damit.

Die Klientel in Mikis Kurs ist wie die einer Volkshochschule. Nur griechisch. Ein paar sind dabei, die sich immer schon gern fit gehalten haben (ein Teil der Mitglieder lernte sich vor Jahrzehnten in einem deutschen Sportverein kennen – bei Basketball und Aerobic). Einige gibt es, die ein bisschen zu viel Freizeit haben, weil ihre Kinder schon groß sind und sie nicht mehr so sehr gebraucht werden. Andere haben keinen Partner und suchen ein bisschen Zerstreuung. Wie Lazaros. Lazaros, der Mann mit dem braunen Teint und den hellen Augen, war vor seiner Pensionierung Restaurateur, er war mal verheiratet mit einer Deutschen, doch die Ehe hielt nur drei Jahre. Er hat zwei erwachsene Töchter.

Stavros hat gar keine Kinder und war noch nie verheiratet. Er ist ein etwas verträumt wirkender, zarter kleiner Herr mit guten Umgangsformen (er hilft immer den Damen in den Mantel und lässt sie im Restaurant vorausgehen). Manchmal spricht er noch von seiner alten Mutter, die nun schon länger tot sein muss – Stavros ist selbst schon siebzig. Aber ganz aktiv: Er arbeitet nach wie vor als Bauingenieur in seinem alten Büro. »Nicht jeden Tag«, sagt er. Aber fast jeden Tag.

Alexis ist jünger, etwa vierzig, er arbeitet bei der Telekom, hat dichtes, dunkles Haar und trägt meist Lederjacken, die er an den Armen gern hochschiebt. Einmal habe ich ihn in einem griechischen Lokal in Schwabing gesehen, Samstagabend, wo er gerade lachend mit ein paar Freunden zusammenstand. Ein anderes Mal – in einem anderen griechischen Lokal –, wie er mit zwei Griechinnen Mitte dreißig zusammensaß und flirtete. Einfach ein typischer Single. Für ihn ist der Tanz sicher ein Single-Hobby.

Manolis, der Erotomane, ist nur selten da. Einmal hatte er eine neue Eroberung dabei, eine deutsche Dame in mittleren Jahren, die ihm leicht amüsiert – aber doch hingebungsvoll – beim Tanzen zusah. Er ist Geschäftsmann und macht »Import-Export«, hauptsächlich Textilien (allerdings nicht aus Griechenland, sondern aus Indien). Manolis tanzt immer mit weit aufgeknöpftem Hemd und sehr exaltierten Bewegungen, und auf der grau behaarten Brust baumelt ein großes Goldkreuz.

Panajota ist Witwe, sie arbeitet bei der Münchner Stadtbibliothek, trägt einen hellbraunen, kurzen Lockenkopf und spricht ihr Deutsch fast akzentfrei. Sie kommt aus Kalamata, deshalb mag sie die Tänze vom Peloponnes besonders gern. Panajota sieht besonders nach Volkshochschule aus. Wie eine dieser typischen kultivierten Damen, die sich gern weiterbilden oder im Töpferkurs nach ihrer künstlerischen Ader fahnden, viel lesen und ausgefallenen Schmuck tragen, der nach Kunsthandwerk aussieht. Und die ihren Urlaub im eigenen Häuschen in der Toskana verbringen – nur dass bei Panajota die Toskana gegen den Peloponnes ausgetauscht werden kann.

Von Popi aus Kos habe ich schon erzählt. Sie ist ebenfalls Witwe, allerdings nicht alleinstehend. Sie ist lange schon wieder liiert, doch ihr Mann interessiert sich offenbar nicht so für griechischen Tanz – er ist Tscheche. Im Frühjahr begleitet er sie immer auf ihre Insel, wo die beiden sehr viel auf Popis Gartengrundstück arbeiten und mit den Hühnern schlafen gehen. Dort liest Popi keine Zeitung, hört kein Radio und sieht nie fern. Wenn sie zurück nach München kommt, ist sie immer braun gebrannt und wirkt verjüngt, als hätte sie die Zeit auf einer Schönheitsfarm verbracht.

Carla, die Italienerin, ist die Seele des Kurses. Sie tanzt fast so gut wie Mikis, und wenn er verhindert ist, vertritt sie ihn. Sie spricht zwar (noch) nicht viel Griechisch, kennt aber die Texte von allen Volksliedern, die wir tanzen, auswendig. Wenn sie tanzt, sieht das aus, als wäre Tanzen für den Menschen so existenziell wie Essen und Trinken. Oft schließt sie die Augen dabei, manchmal wirft sie die Arme hoch wie bei einem stillen Jubel. Auf der Straße oder in der U-Bahn wirkt sie ganz unauffällig, einfach eine kleine, praktisch gekleidete Frau mit langem Pferdeschwanz und freundlichem Gesicht. Doch wenn sie tanzt, geht ein Leuchten von ihr aus. Sie ist Mitte fünfzig, ihr Sohn ist schon aus dem Haus, sie hat einen Bürojob, ein ganz normales Berufsleben. Aber ich bin überzeugt: Wenn sie nach Hause kommt, legt sie erstmal griechische Musik auf und tanzt sich glücklich.

Takis und Mimi sind das einzige Paar, das gemeinsam in die Gruppe kommt – seit sie sich in den Siebzigern in München als Studenten kennen gelernt haben, machen sie alles zusammen. Sie haben sogar immer auf die gleichen Dinge Appetit, deswegen sprechen sie im Restaurant immer ihre Bestellung miteinander ab und essen dann beide von den servierten zwei Tellern. Takis ist Bauingenieur wie Nikos, deswegen stecken die beiden immer die Köpfe zusammen.

Markos, Halbundhalb, hat einen deutschen Vater. Er macht irgendwas mit Computersystemen, und seine besondere Leidenschaft ist ausgefallene Musik. Er kommt nicht nur wegen des Tanzes, sondern auch wegen der Musik aus den entlegenen Dörfern Griechenlands in den Kurs.

Nitsa, die Blonde mit der Kurzhaarfrisur, hat einen Bürojob und wohnt – vom Kursort aus gesehen – am anderen Ende der Stadt. Sie muss zwei Mal umsteigen, deswegen geht sie nach dem Tanz auch meistens gleich nach Hause, sonst ist sie am nächsten Tag nicht fit. Ihr Mann hat keine Lust auf Tanz und spielt dienstags lieber mit Freunden Karten.

Auch Marias griechischer Mann mag nicht tanzen. »Der ist faul«, sagt Maria, die Österreicherin, immer in ihrem fließenden, aber leicht knarrenden Griechisch. Sie freut sich, wenn sie in Griechenland bei einer Taufe oder anderen Festivität besser tanzen kann als die Einheimischen, die dann nur so staunen.

Last but not least gibt es dann noch Vicky. Sie ist eine handfeste, fröhliche kleine Frau mit kurzen, grau melierten Haaren und großen, schwarzen Kulleraugen. Ihr Deutsch spricht sie mit leicht bayerischem Einschlag. Wie die Übrigen ist sie als junges Mädchen nach Deutschland gekommen. Der Grund war, wie bei den meisten, dass die Chancen und Möglichkeiten hier größer waren als im strukturschwachen Griechenland.

Ein bisschen Abenteuerlust war aber auch immer dabei. Es war auch aufregend, in ein fremdes Land zu ziehen. Viele der Exilgriechen kommen außerdem aus der Provinz, wo es besonders wenige Chancen auf eine gute Berufslaufbahn und naturgemäß auch keinerlei Universitäten gab. Dann waren sie plötzlich in München, einer Großstadt mit vielfältigem kulturellem Angebot.

Oft war es sicher auch hart, sich einzugewöhnen, sich durchzubeißen. Im Nachhinein wird aber vieles nostalgisch verklärt.

Vickys Deutschlandstart fand in einem Zimmerchen von zwei mal drei Metern statt. Es war in einem Studentenheim, in das ihr Mann seine junge Ehefrau nachgeholt hatte. »Man konnte sich fast nicht drin umdrehen«, sagt Vicky. »Und wir hatten wirklich nichts, nicht mal genug Besteck. Zur Ausstattung gehörten ein Messer, ein Löffel und eine Gabel. Da haben wir eben abwechselnd gegessen«, kichert sie.

»Eigentlich waren das die glücklichsten Jahre unseres Lebens«, sagt Vicky. »Die glücklichsten!« Und natürlich die, als die Kinder kamen.

Ihr Mann ist schon viele Jahre tot, er hatte Krebs, sechs Jahre lang konnte er nicht sprechen, es waren die schrecklichsten in ihrem Leben. »Aber er hat mir ein Vermächtnis hinterlassen. Geld hatte er nicht viel, mein Mann, trotzdem hat er mir etwas geschenkt. Als er krank wurde, sagte er: Fang an zu malen.«

Vicky hatte immer schon gern gemalt, nun bezahlte ihr Mann ihr Kunstkurse, die sie die ganze Zeit über, als er krank war, besuchte: »Ohne das Malen wäre ich damals wahrscheinlich durchgedreht. Und später, nach seinem Tod, hat es mir auch geholfen – als Trauerarbeit.«

Vickys Stärke sind die Farben, habe ihre Kunstlehrerin immer gesagt: Sie malt abstrakt. Mittlerweile ist das ihr Zweitberuf geworden. Sie stellt aus, sie verkauft viel, »und zu guten Preisen«, sagt Vicky, und sie besitzt sogar lobende Rezensionen »von der *Süddeutschen Zeitung*!«.

In ihrem Hauptberuf ist sie Anwaltsgehilfin, auch heute noch an drei Tagen in der Woche – obwohl Vicky auch schon siebzig ist. Aber die Arbeit macht ihr Spaß, »deswegen mache ich weiter, solange ich kann«. Regelmäßig stellt sie auch in den Kanzleiräumen aus. Die Vernissagen sind kleine Ereignisse, richtige Partys. »Wir sind alle Freunde in der Kanzlei«, sagt sie, und sie bringt nicht nur ihre Bilder mit, sondern kocht auch für das Buffet. Natürlich griechisch!

Dann gibt es noch Leute, die nur ab und an reinschauen und mittanzen. Manche, die schon wieder in Griechenland leben und nur hin und wieder nach München kommen. Andere, die früher oft dabei waren und nun nicht mehr so viel Zeit haben. Oder die mittlerweile nicht mehr fit genug sind, um die Stunden durchzuhalten.

Und manche, die gar nicht tanzen, sondern nur mal vorbeischauen, um Freunden hallo zu sagen. Es ist ein ständiges Kommen und Gehen.

Insgesamt sind »meine« Volkstanzgriechen – bis auf das leichte Akademikerübergewicht – *die* typischen Exilgriechen in Deutschland, sogar die Alterszusammensetzung ist repräsentativ: Der Altersdurchschnitt der bei uns lebenden 350 000 Griechen ist schon etwas höher – das kommt daher, dass heute nicht mehr so viele Auswanderer nachkommen.

Ganz normal ist, dass ihre Kinder Abitur haben und viele studieren – die Sprösslinge der griechischen Einwanderer sind bildungsmäßig generell gut integriert.

Und ebenso typisch ist, dass die meisten mit Griechen verheiratet sind (deswegen ist die Familiensprache bei ihnen Griechisch) und dass der Großteil ihrer Sozialkontakte aus Griechen besteht. Diesbezüglich leben sie tatsächlich sozusagen in einer Parallelgesellschaft. Aber das hat noch kein Politiker jemals angemerkt. Die Exil-Griechen in Deutschland gelten als die unauffälligsten und am besten integrierten Zuwanderer.

Das allertypischste an meinem Tanzkurs aber ist, dass er ein Tanzkurs ist. Es gibt unzählige traditionelle Tanzgruppen für Griechen in Deutschland, außerdem griechische Kulturvereine, griechische Treffpunkte, griechische Gesangsgruppen, griechische Schulen oder Wochenendschulen, Diskussionsrunden, Literaturabende, Gemeindetreffen, Kochgruppen – kurz: organisiertes griechisches Leben für Griechen in der Diaspora. Die Griechen haben sich einfach ein Stückchen Griechenland nach Deutschland geholt! Wie unser Griechenland im zweiten Stock mit Eichenparkett auf dem Boden und Inselszenen an der Wand.

3. Stunde: Hier tanzt die Krise

Heute gibt es auch noch ein paar Teller *Trachanas*!«, ruft Kyria Niki, die Tavernenbesitzerin, aus der Küche. *Trachanas!* Ganz dunkel nur erinnere ich mich an dieses Wort. Irgendwo in meinen hintersten Gehirnwindungen, dort, wo die Erinnerungen bereits Staub ansammeln, ist es abgespeichert. Ich weiß allerdings gar nicht mehr, wie *Trachanas* aussieht. Oder wie er schmeckt und riecht.

Ich habe heute schon vor der Tanzstunde zu Hause gegessen, deshalb habe ich nichts bestellt außer einem kleinen Hellen, das Lazaros mir umstandslos aus dem Kühlschrank hinter der Theke mitbringt: »*Oriste*, bitte schön, dein Chelles.« Nein, Hunger habe ich keinen. Aber ich will unbedingt *Trachanas* kosten.

»Was ist das gleich noch, Mikis? Ist das nicht was Süßes?«

»*Ochi*, nicht süß! Salzig. Du kannst bei mir probieren«, sagt Mikis.

Dann trägt Kyria Niki einen Suppenteller an den Tisch, darin schwimmt eine weiße, trübe Brühe mit kleinen hellen Bröckchen. Mikis schiebt mir einen Löffel davon in den Mund.

Plötzlich ist alles wieder da: Ich sitze auf meinem weißroten Baststühlchen, das die griechischen Großeltern in Piräus extra für mich gekauft haben, neben mir eine weiße Wand aus

Stoff: das Tischtuch, das von dem Esszimmertisch der Großen hoch über mir herabhängt. Vor mir auf dem kleinen weißroten Basttischchen ein Teller mit dampfender Suppe, *Trachanas*, in den Yiayia, meine Großmutter, den Löffel tunkt: »Komm, Stelliza, nur ein Löffelchen noch!« Der Löffel ist groß und silbern, ich sehe ihn genau vor mir. Der Stiel ist ziseliert, und er kommt immer näher und näher. Yiayia, die neben mir auf dem Boden kauert, ist zwar fast blind, doch führt sie ihn mit der instinktiven Routine einer erfahrenen Großmutter, und die Suppe ergießt sich in meinen Mund.

Trachanas, etwas mehlig, auch irgendwie leicht schafskäsig, der Geschmack einer jähen Erinnerung, die mich die Augen schließen lässt und mich entführt in die Zeit meiner frühesten Kindheit. Lange koste ich nach. Bis Mikis mich in die Seite knufft: »Hallo, bist du noch da?!«

»Das hat meine Yiayia auch gekocht!«, sage ich, als ich wieder auftauche.

»Klar«, sagt Mikis. »Das haben alle Yiayias gekocht!« *Trachanas* ist Weizenschrot, den man in Suppenbrühe streut, es gibt ihn in getrockneter Form, oft ist Jogurt beigemischt. Schafsjogurt – daher das käsige Aroma. Ich muss Kyria Niki unbedingt nach dem Rezept fragen!

Zweimal musste ich die Tanzstunde ausfallen lassen – erst wegen einer Grippe, dann wegen Terminen. Und heute schaffte ich es auch nur auf den allerletzten Drücker. Kein griechischer Chor mehr auf der Straße. Dafür schallen schon Lyraklänge aus dem zweiten Stock auf die Straße. Die Gruppe tanzt bereits.

»Wo warst du so lange?«, ruft Lazaros aus, als ich den Raum betrete. »Wir haben uns die Augen nach dir ausgeweint.« Er freut sich wirklich, dass ich nun da bin, und lacht über das ganze Gesicht. Und ich freue mich auch!

Takis und Mimi befinden sich immer noch in der Trauerzeit, deshalb ist die Gruppe wieder klein, und Mikis tanzt immer genau vor mir: Es klappt gut heute, trotz der langen Pause. Ich erkenne die Melodien wieder, und meine Beine erinnern sich noch an die Schrittfolgen. Und ich schaue auf Nitsa. Meistens schaue ich auf Nitsa, jedenfalls viel öfter als auf Mikis. Nitsa tanzt sehr gut, immer als Zweite neben Carla, immer schrittsicher. Kleine braune Freizeitschuhe, die den Dreh raushaben.

»Du sollst nicht auf Nitsa schauen!«, ruft Mikis.

»Warum?!«, frage ich.

»Schau auf mich!«, sagt Mikis. Er ist schließlich der Lehrer, klar. Es ist aber gar nicht so einfach, sich an ihm zu orientieren. Nitsa tanzt immerhin so, dass man sich einfach die Schritte abschauen kann. Simpler.

Mikis tanzt anders. Irgendwie emotionaler, kommt es mir vor. Wahrscheinlich hat das gar nichts mit der Emotionslage zu tun, sondern mit echtem Können. Mal setzt er den Fuß nicht ganz auf, sondern nur den äußeren rechten Rand. Mal ist eine Ferse leicht angehoben, während Eleni mit dem ganzen Fuß auftritt. Dann ist da ein winziges Zögern, bevor es mit Schwung weitergeht. Lauter kleine Nuancen, die den Meister von den Schülern unterscheiden.

Für mich ist das aber viel zu verwirrend. Wenn ich mich jetzt auch noch auf solche Kleinigkeiten konzentriere, komme ich noch ganz aus dem Tritt. Also orientiere ich mich wieder an Nitsa. Wenn ich so sicher tanzen könnte wie sie – das würde mir schon vollauf reichen! Damit wäre ich mehr als zufrieden.

»Du guckst schon wieder auf Nitsa! Schau auf mich!«, ruft Mikis. »Auf mich sollt ihr schauen!«, ruft er in den Raum.

Ich schaue auf Mikis. Und fange an zu stolpern. Dann gucke ich eben auf Maria, die Österreicherin. Maria hat strahlend weiße Sneakers an, die heben sich deutlich von dem braunen Holzboden ab. Nun mache ich alles wie Maria. Füße über Kreuz, wie Maria. Stampfen, wie Maria. Hopp, hopp, hopp, kleine Zwischenschrittchen – alles wie Maria.

Lazaros zuliebe legt Mikis dann Musik aus Zakynthos auf – da kommt Lazaros her. Man hört einen deutlichen italienischen Einfluss in dieser Musik, aber das verwundert nicht: Die Ionischen Inseln liegen ja gleich hinter Italien.

Die Lieder, und auch die dazugehörenden Tänze, erinnern mich aber auch an ein ganz anderes Land: Irland. Zumindest das, was ich mir so unter irischer Volkmusik und -tänzen vorstelle.

Kann aber eigentlich nicht sein, oder? (Zu Hause lese ich später die Geschichte von Zakynthos nach und erfahre, dass die Briten die Insel Anfang des neunzehnten Jahrhunderts für über fünfzig Jahre besetzt hatten. Aber ob das eine Bedeutung für den Tanz hatte?)

Griechische Volkstänze erinnern aber nicht nur mitunter an irische Volkstänze. Einige scheinen artverwandt mit dem bayerischen Schuhplattler: Manchmal werden sogar exakt die gleichen klatschenden Bewegungen vollführt – freilich ohne Krachlederne. Und manche Tänze kommen mir vor wie afrikanische Stammestänze: massaimäßig stampfend.

Da ich aber weder irische, noch afrikanische, ja nicht mal bayerische Volktänze beherrsche, hilft mir diese Erkenntnis kaum weiter, und ich bin weiter auf Marias Hilfe angewiesen, um bei unserer griechischen Runde mitzuhalten.

»Links!«, sagt Maria, wenn ich versehentlich mit dem rechten Fuß loslege. Oder: »Du musst mich fester an den Schultern fassen. Richtig fest! Sonst rutschen wir auseinander. Und der Arm muss immer ganz ausgestreckt bleiben.« Sie nimmt mich ein wenig unter ihre Fittiche.

Mikis merkt nichts. Er kontrolliert nur, ob ich auf Nitsa schaue. Die Sache mit Maria entgeht ihm. Nicht aber, dass ich gut mitkomme.

»Toll seid ihr heute!«, sagt Mikis. »Super.« Er meint mich, das ist klar. Die anderen sind sowieso toll.

Leider verabschiedet sich Maria nach der Stunde in eine längere Pause: eine Knie-OP. »Wer weiß, wann ich wieder so weit sein werde, dass ich bei euch mitmachen kann«, sagt sie, als sie die weißen Sneakers aufschnürt.

»Wer weiß!«, sagt Mikis. Er hält die Sache mit der Knie-OP für keine gute Idee.

»Aber es muss sein!«, sagt Maria. Die Probleme mit dem Knie ließen sich anders nicht beheben, alle Orthopäden seien sich da einig. Morgen früh geht sie in die Klinik, deswegen will sie nun gleich nach Hause.

Mikis runzelt die Stirn. Er schüttelt den Kopf. Er hält offenbar nicht viel von Orthopäden. Und von OPs schon gar nicht.

»Viel Glück!«, sagt er, als Maria ihre Sportschuhe in die Tasche gepackt hat und den Tanzraum verlässt. Und, als die Tür zuschlägt, fügt er hinzu: »Das wird sie brauchen!«

Noch eine weniger in der kleinen Taverne im ersten Stock des Griechischen Zentrums. Es ist nur eine kleine Runde, Mikis, Lazaros, Popi, Stavros, Carla, Vicky, Manolis. Markos und Nitsa gehen sowieso meistens gleich nach Hause, die sind schon weg. Bleiben nur noch ich und Kyria Niki, die Tavernenbesitzerin, die heute *Trachanas* gekocht hat. Laut wird es trotzdem. Das liegt immer noch an der Krise.

»*Ta akuses?*«, sagen die anderen. »Hast du's gehört?« Nein, ich habe gar nichts gehört und null mitbekommen. Was denn überhaupt?

»Gestern hat der Finanzminister geredet!«, klärt Mikis mich auf, eine Brandrede war es, ein ganz großer Aufruf, zusammenzuhalten und Opfer zu bringen. Alle Griechen im In- und Ausland haben sie mitbekommen, über TV, über Internet – nur ich mal wieder nicht.

»Da, einen Moment – du kannst es auf meinem Handy ansehen, wenn du magst«, sagt Mikis und zückt sein iPhone.

»Was ist das denn für ein Handy – hattest du nicht ein schwarzes iPhone?«, fragt Carla.

»Ich hatte ein schwarzes. Jetzt habe ich auch noch ein weißes«, sagt er stolz.

»Warum denn – ist das andere kaputtgegangen?«

»Nein – das ist doch jetzt das neue Modell! Gerade herausgekommen!«

»Du musst immer das Neueste haben, oder?«, sagt Carla amüsiert.

»*Natürlich* muss ich immer das Neueste haben!«, sagt Mikis.

»Seht nur, wie schön es ist. Was für ein wunderbares Design. Ihr müsst es euch auch holen.«

Die Rede des Finanzministers aber lässt sich heute Abend nicht darauf wiedergeben – die Verbindung zum Internet ist in der Taverne zu schlecht. Und so bekomme ich nur die Kommentare meiner griechischen Truppe darüber mit.

»Der Mann hat recht – die Griechen müssen jetzt einfach die Zähne zusammenbeißen!«, sagt Mikis. »Aber statt sich das zu Herzen zu nehmen, fragen sie bloß: Und wann dürfen wir jetzt in Rente?«, empört er sich.

Mikis jedenfalls findet die Maßnahmen gerechtfertigt. »Sie kürzen ja nicht die Mindestrente. Gut, die dreizehnten und vierzehnten Bezüge hätten sie den Leuten lassen können, aber sei's drum: Die Mindestrente wird nicht gekürzt, nur im oberen Bereich wird gekürzt, das ist doch fair!«

Zufällig weiß ich, wie hoch die Grundrente in Griechenland ausfällt: Es sind so um die sechshundert Euro. Das könnte noch angehen, wenn die Lebenshaltungskosten in Griechenland niedriger wären als vergleichsweise in Deutschland. Wer sich im Griechenlandurlaub mal in einen griechischen Supermarkt verirrt hat, weiß, dass genau das Gegenteil der Fall ist. Kein Wunder, dass die Familien im Süden noch mehr zusammenhalten als in Deutschland. Das ist auch eine existenzielle Notwendigkeit.

Was natürlich nicht bedeutet, man bekäme in Deutschland etwas geschenkt. Die Leute in meiner Volkstanzgruppe jedenfalls haben garantiert nichts gratis bekommen, wie uns Popi nun erinnert: »Was jammern die Leute zu Hause nur? Wir haben hier doch auch alle jahrzehntelang in die Rentenkasse gezahlt! Und trotzdem fallen unsere Renten auch nicht gerade üppig aus.«

»Genau! Jetzt heißt es eben für die Griechen: Kopf einziehen und arbeiten, arbeiten, arbeiten!« Mikis' hohe Stirn verfärbt sich im Eifer rosa. »Vielleicht – aber auch nur vielleicht – lässt sich das Ruder dann herumreißen. Aber es gibt keine andere Chance!«

»Ja, ja, von wegen! An den Armen wird gespart, immer an denjenigen, die sowieso fast nichts haben!«, sagt Manolis. »Und das nennst du gerecht?! Dass ich nicht lache!«

Manolis ereifert sich ebenfalls über das Thema, er haut sogar mit der flachen Hand auf den Tisch, dass es nur so knallt.

»*Eh, phile, iremisse!* He, Freund, beruhig dich!«, sagt Mikis. »Da hast du natürlich auch wieder recht, in dem Punkt sind wir einer Meinung!«

»Wenn man so hört, was da alles gelaufen ist in Griechenland – das verschlägt einem schon die Sprache!«, sagt Vicky. »Wo die ganzen Staatsgelder überall hingeflossen sind, unglaublich. Und all die Staatsangestellten, die eigentlich kein Mensch braucht!«

»Ein paar tausend Leute haben sich das ganze Geld aufgeteilt und davon profitiert. Jahrelang, jahrzehntelang!«, schimpft Manolis wieder los. »Und nun bekommt ein ganzes Land die Rechnung dafür präsentiert. Und natürlich zahlen immer die Falschen drauf. Ein Skandal!«

»Die meisten Leute dort haben doch viel weniger Geld als die Leute hier«, weiß ich zu berichten. »Und deshalb arbeiten sie notgedrungen oft noch viel mehr und machen Doppelschichten!«

»Mag ja sein«, sagt Popi. »Aber du musst nicht glauben, dass alle, die zwei Jobs haben, so arm sind!«

»Etwa nicht?!«

»*Burthes!* Quatsch! Die haben doch nur zwei Jobs, um ihren Mercedes abzubezahlen!«

Alle lachen.

»Echt, ist das so?«

»Uhhh – na klar!«, sagt Popi, während sie bedächtig ihren Apfel schält. Popi isst abends nämlich nie warm, sondern immer nur einen Apfel, damit sie nicht in die Breite geht: Sie hat eine Figur wie eine Dreißigjährige.

»Es gibt so viel Geld in Griechenland!«, seufzt Popi. »So

viel Geld! So viel Reichtum!« Findet jedenfalls Popi. Es gibt nur leider kein Geld mehr in der Staatskasse.

»Trotzdem – die kleinen Leute haben nicht viel Geld. Wie überall. Dabei geht's doch nicht nur darum, ob jemand einen Mercedes fährt oder nicht!«, sage ich.

Popi seufzt: »Ich erzähle dir jetzt mal eine Geschichte. Komm, nimm ein Stück Apfel, komm, komm schon.«

Ich habe keinen Appetit auf Apfel, aber ich nehme ein Stück, um das Prozedere des Anbietens und Ablehnens abzukürzen und die Geschichte zu hören.

»Als wir nach Deutschland kamen, mein Mann und ich, hatten wir erstmal gar nichts. Ich musste am Fließband arbeiten, da habe ich nur eins achtzig die Stunde verdient – Mark! Damals war ich ja noch nicht Zahntechnikerin. Wir haben hart gearbeitet, und so konnte mein Mann studieren. Schließlich bekam er eine gute Stelle als Ingenieur bei BMW. Und dann, nach vielen Jahren, fuhren wir das erste Mal nach Hause nach Griechenland. In unserem alten Ford. Und die ganze Verwandtschaft auf Kos war empört und sagte zu meinem Mann: Du arbeitest bei BMW, aber du fährst einen alten Ford? Warum fährst du keinen neuen BMW?

Da sagte mein Mann: ›Seht her, meine Frau und meine zwei Kinder. Die sind mein BMW!‹« Popi lacht.

»Die denken zu Hause immer, hier ist alles so einfach. Sie glauben tatsächlich, wir Griechen in Deutschland haben das große Los gezogen, uns fliegen hier gebratene Täubchen in den Mund. Und jeder fährt einen nagelneuen BMW oder Mercedes. Keiner von denen realisiert, dass es nicht so leicht ist, genug Geld für so einen Schlitten zu verdienen – nicht mal in Deutschland. Alles, was wir hier haben, ist das Produkt harter Arbeit.« Und sie nickt, sehr wissend.

Die Griechen aber seien total auf Statussymbole aus: »*Markes, markes*. Marken – das ist ihnen wichtig«, sagt Popi. »Die holen dir das Etikett am Rücken aus der Bluse, nur um zu gucken: Welche Marke kann sie sich leisten? Von Kopf bis Fuß wird man taxiert. Was sind das für Schuhe, was hat sie für die Tasche ausgegeben – und wo hat sie die Uhr her? Aber ich trage absichtlich keine Marken«, sagt sie. »Meine Uhr hat nur hundert Euro gekostet. Klar könnte ich auch Schulden aufnehmen, für eine teure Uhr von Rolex. So machen das die Griechen. Hauptsache angeben. Und Mercedes fahren, obwohl man sich's eigentlich gar nicht leisten kann. So machen das alle dort. Die Griechen sind verrückt nach Marken und schicken Autos.«

»Und iPhones?«, frage ich, um Mikis aufzuziehen.

»Ehhh, lasst mich bloß mit meinem iPhone in Ruhe. Das habe ich nicht auf Pump gekauft, ihr Witzbolde! Ein iPhone kann sich sowieso jeder leisten. Sollte sich auch jeder leisten!«

Popi lacht nur und zwinkert mir zu.

»Aber weißt du, als dann mein Mann mit siebenunddreißig an Krebs starb, da war es eigentlich ein Glück, dass ich in Deutschland war. Sonst hätte ich es allein mit den Kindern nicht geschafft«, sagt Popi.

»Ach, du hättest es überall geschafft«, meldet sich Vicky zu Wort.

»Auf Kos? Niemals hätte ich mich und noch drei Leute auf Kos durchgebracht!«

»Wieso drei? Ich dachte, du hast nur zwei Kinder«, frage ich.

»Na, die *Pethera*, die Schwiegermutter, musste ja auch noch versorgt werden. Als mein Mann starb, kam die Pethera zu uns. Sie hat mir mit den Kindern geholfen. Aber ich musste sie ja mit ernähren. Und als sie dann älter war, konnte sie mir nicht mehr viel helfen. Da musste ich ihr helfen! Das war schon ganz schön viel Stress. Und ziemlich lange. Meine Töchter haben ja studiert, die habe ich lange unterstützt.

Aber ich habe jedenfalls immer meine Steuern bezahlt, und all die Abgaben hier in Deutschland. Deswegen kann ich das Gejammer in Griechenland über die Steuererhöhungen und die Kürzungen und all das auch gar nicht mehr hören! Wir zahlen alle hier unsere Steuern, und geschenkt bekommen wir nichts!« Und da nicken einige am Tisch.

Ja, meine Volkstanz-Griechen sind brave deutsche Bürger und Steuerzahler. Wenn in Deutschland über das Staatschaos zu Hause in Hellas öffentlich geschimpft wird, fühlen sie sich natürlich gekränkt. Aber sie sitzen auch ein wenig zwischen den Stühlen: Sie leben ja das Leben der Deutschen. Deswegen schimpfen sie auch über die Griechen zu Hause. Die härtesten Kritiker der Griechen sind sowieso die Griechen, egal wo.

»Mikis, warum hast du Griechenland damals eigentlich verlassen?«, frage ich später. Ich weiß ja, dass er nicht aus der strukturschwachen griechischen Provinz stammt, sondern aus Athen, aus dem Stadtteil Plaka, »direkt unter der Akropolis!«. Ein teures Viertel – eigentlich keine Auswanderer-Gegend.

»Ach, weißt du – ich hatte gerade den Militärdienst hinter mir, ich war zweiundzwanzig und abenteuerlustig, und in Griechenland herrschte die Junta. Das hat mir nicht gefallen, da wollte ich nichts wie weg!« In München wurde er auf der Kunstakademie angenommen, später lernte er Grafik-Design. »Und du wolltest nie zurück?«

»Doch, oft. Einmal habe ich es einfach nicht mehr ausgehalten. Ich habe meinen Koffer gepackt und mich in den Zug gesetzt. Aber zum Glück wurde ich rechtzeitig gewarnt, da bin ich in Jugoslawien noch ganz schnell ausgestiegen. Das war sehr knapp! Ich wurde ja gesucht! Es gab einen Steckbrief, da war ich mit Foto drauf. Damals noch mit langen, schwarzen Haaren!« Mikis lacht.

»Ich war nämlich im politischen Widerstand, von Deutschland aus. Ich habe später sogar Ehrungen und Auszeichnungen dafür bekommen.« Es war eine bewegte Zeit. Mikis war enorm politisch engagiert, auch in Deutschland, und da ist er nicht der Einzige in unserer Gruppe:

»Den mittlerweile verstorbenen Mann von Panajota, den habe ich mal gerettet. Das erzählt sie heute noch oft, da ist sie mir noch dankbar. Die Polizisten hatten ihn schon fest im Griff, doch ich habe ihn einfach weggezogen, mit aller Kraft!« Das war bei einer Demonstration in München gegen den Faschismus.

»Ach, ihr seid alle Alt-Achtundsechziger! Da hätte ich aber auch früher drauf kommen können!«, sage ich.

»Um genau zu sein, war das 1970, im Bürgerbräu am Rosenheimer Platz. Das kennst du nicht mehr, da steht jetzt der Gasteig.« Später arbeitete Mikis in Werbeagenturen, heiratete eine Deutsche, bekam drei Kinder und kaufte ein Reihenhaus. Eine mustergültige Integration, sozusagen. Nun ist er schon seit rund vierzig Jahren hier. Müsste er mit Deutschland mittlerweile nicht viel stärker verwurzelt sein als mit Griechenland?

»Warum willst du eigentlich unbedingt zurück?«

Mikis sieht mir nur sehr tief in die Augen. Vielleicht soll ich selbst auf die Antwort kommen?

»Wegen der Deutschen?«, frage ich.

Die härtesten Kritiker der Griechen sind die Griechen. Aber warum höre ich nie Kritik an den Deutschen? Über die gäbe es doch mit Sicherheit auch einiges zu mäkeln.

Natürlich kenne ich die Negativ-Klischees über die Deutschen: Fleißig, aber humorlos. Pünktlich, aber kleinlich. Höflich, aber verschlossen. Wohlhabend, aber keine Lebenskünstler. Ich kenne die Klischees, weil die Deutschen sich selbst so sehen. Von den Griechen habe ich sie allerdings fast nie gehört. Wenn sie unter sich sind, stecken sie womöglich die Köpfe zusammen und lästern ausgiebig über deutsche Unarten und Gewohnheiten. Wenn ich dabei bin, eher nicht. Schließlich bin ich ja auch halbe Deutsche, da wäre das wohl unhöflich. Selbst meine eigene griechische Familie hielt sich diesbezüglich vornehm zurück.

Es war bei einem Familienessen im Haus meiner Großeltern, auf dem Tisch dampften die Speisen, *Kokinisto, Arni, Patates lemonates*. Yiayia, Pappous, die Tanten und Onkel aßen, lachten, palaverten – da kam das Gespräch urplötzlich auf die Kriegszeiten, genauer: auf Hitler, die deutsche Besatzungszeit, die Gräueltaten und wie die griechische Bevölkerung gelitten hat. Da erhob Tante Meri die Stimme, sie pochte sogar mit ihrer manikürten Hand auf den Tisch, sie war plötzlich sehr ungehalten. Dabei wurde Meri selten laut, sagt Mama, denn die Schwägerin war durch und durch Dame.

»Wie kommt ihr dazu, über so ein Thema zu reden, wenn Päty am Tisch sitzt!«, schalt sie die Runde aus. Päty ist mein Vater, den Mama in der griechisch ausgesprochenen Variante seines Spitznamens Betty bei der Verwandtschaft eingeführt hatte.

»Was hat unser Päty schon mit Hitler zu tun?!«, empörte sich die Tante, und fortan war Hitler von unserem Essenstisch höflichkeitshalber verbannt. Dem gleichen Höflichkeitsgedanken folgend, konfrontierte man uns auch nie mit weniger schwerwiegenden Kritikpunkten – selbst kleine Lästereien über deutsche Eigenheiten verkniff man sich.

Dass alle in der Verwandtschaft Griechenland und die Griechen irgendwie besser fanden, war trotzdem klar. Wenn die Essenstafeln abgeräumt wurden, Papa sich mit den Onkeln auf noch ein Bier in der kleinen Sitzgruppe am Eingang des Hauses niederließ und sie ihre Zigaretten zum Glimmen brachten – »*Karelia*, särrr gutt«, sagten die Onkels –, da klopften sie dem Schwager immer gönnerhaft auf den Rücken. »Eh, Päty, särrr gutt in Hellas, ja?«, sagten sie dann in ihrem sehr schlechten Deutsch, und meinten: viel besser!

Und Papa antwortete in seinem sehr schlechten Griechisch: »*Ola edaxi, poli kala, thavma*. Alles okay, sehr gut, wunderbar.«

»*Orea, etsi?*«, beharrten dann weiter die Onkels, »schön, nicht?«, und breiteten die Arme aus, als wollten sie von Yiayias kleiner Sitzgruppe aus ganz Griechenland mit all seiner Sonne, seinen Stränden, seiner Kultur, seinem guten Essen und seinen Menschen umfassen.

»*Poli orea!* Sehr schön!«, sagte Papa wieder pflichtschuldig, und die Onkels machten: »Bravo, bravo!«

Trotz aller Selbstkritik finden die Griechen sich, ihre Art zu leben und ihr Land nämlich am allerbesten: Es gilt ihnen als der landschaftlich schönste Flecken Erde mit den größten Dichtern und Denkern, der imposantesten Geschichte, dem besten Essen und Wein, den schönsten Frauen und dem klarsten Meer. Punkt. Will man aber wissen, was Griechen an anderen Nationen nicht gefällt, muss man nur zuhören, wenn sie gerade mal nicht an sich selbst mäkeln, sondern sich selbst gut finden:

»Mit den Griechen kommt man sofort in Kontakt«, sagt Mama immer, und meint dabei (auch): mit den Deutschen eher nicht so leicht.

»Die Griechen würden für ihre Kinder sterben«, bekundete meine Yiayia immer, wenn sie deutlich machen wollte, dass die Mutterliebe in Deutschland irgendwie distanzierter wirkt als in Griechenland, wo die Kleinen so unglaublich gehätschelt, geknuddelt – und gefüttert werden.

»Die Griechen sind *efkoli*, locker«, bekundet Onkel Michalis, und meint: nicht so steif wie die Nordländer.

Also, Mikis, wie ist das mit den Deutschen?

»Ach, die Deutschen, die sind, wie sie sind. Darüber mache ich mir keine Gedanken. Und ich liebe München! Ich liebe es, hier in die Stadt zu gehen. Am liebsten mag ich die Altstadt, die Gegend rund ums Sendlinger Tor. Ich mag sogar Payerisch. Payerisch ist – lustig!«

»Und warum willst du also zurück?«

»Natürlich wegen des Wetters«, sagt er. »Immer alles grau in grau. Das Wetter hier ist wirklich kaum auszuhalten.« Und sonst? Es muss doch noch mehr Gründe geben?

Mikis zuckt mit den Schultern: »Keine Ahnung.«

Heimweh ist eben kein rationaler Grund. Sondern einfach ein Gefühl.

Lazo-Germani – Griechen in der Diaspora

D*ie* ausgewanderten Griechen machen es ihren Landsleuten in der Heimat nicht immer ganz leicht: Es soll welche geben, die benehmen sich beim sommerlichen Griechenlandurlaub, wie es Touristen aus England oder Deutschland kaum wagen würden: Das Essen bemäkeln sie als zu ölig und zu einseitig, und immer nur Weißbrot mampfen – das sei ja nichts für die Verdauung. Die Straßen weisen ihnen deutlich zu viele Schlaglöcher auf, der Bus sei notorisch unpünktlich, der Service im Lokal schlecht, das Angebot im Supermarkt nicht breit genug gefächert. Und erst das Gesundheitssystem – wie in einem Entwicklungsland! Nicht zu vergleichen mit Deutschland, den USA, Frankreich oder wo auch immer sonst es die Auswanderer hin verschlagen hat, und wo alles angeblich besser funktioniert, sauberer ist, technologisierter, fortschrittlicher, moderner und insgesamt tausendmal besser.

Das klingt dann oft ziemlich lehrmeisterlich, die (Heimat-) Griechen können das gar nicht ertragen. Derzeitiges Lieblingsthema der Auslandsgriechen übrigens: »Wie kommt es, dass ihr so wenig Windkrafträder benutzt – wozu gibt es hier denn so viel Wind?! Und kaum Sonnenkollektoren – bei all der Sonne!« Die Griechenland-Griechen, die selbst finden, dass die Wind- und Sonnenenergie besser genutzt werden könnte, die aber auch die Probleme bei der Finanzierung solcher neuen Anlagen für alternative Energieressourcen präsenter haben – gerade in Krisenzeiten –, verdrehen dann nur die Augen ob der naseweisen Arroganz und zeigen innerlich den Mittelfinger. Oder bekunden offen ihren Unmut: »Erst hauen sie ab und lassen uns mit unseren Problemen allein – und dann kommen sie in den Ferien und reißen den Mund auf«, so der Tenor. Deswegen hat man sich für Auslandsgriechen einen bissigen Beinamen einfallen lassen: *lazo-germani* – Freizeitgriechen. Die reden nur schlau daher. Und leben gar nicht hier.

Weil nach wie vor einige Griechen das Land verlassen, nimmt das Heer der Freizeitgriechen nicht ab, und während früher besonders viele arme Griechen aus strukturschwachen Provinzorten ihr Glück in der Fremde versuchten, sind es heute auch oft die besonders gut ausgebildeten und leistungsstarken. So haben beispielsweise mehr griechischstämmige Professoren in den USA einen Lehrstuhl inne als in Griechenland selbst. »Also alles intelligente, hochgebildete Leute, die uns hier fehlen, und die unser Land weiterbringen könnten – wenn sie nicht weg wären«, klagt mein Onkel Michalis. Das Dilemma ist nur, dass gut ausgebildete Griechen in ihrer Heimat nicht so gute Chancen haben. Das kleine Land hat bereits viel mehr Akademiker, als es beschäftigen kann, es hat nämlich den weltweit größten Akademikerdurchschnitt in der Bevölkerung – zumindest laut griechischer Angaben. Und so werden auch weiterhin so manche Griechen – Akademiker, aber auch Handwerker oder Arbeiter – das Land verlassen, und die neuerlichen Krisenentwicklungen dürften den Drang nach draußen sogar wieder verstärken.

Die in Griechenland gebliebenen Griechen machen es den ausgewanderten Landsleuten ebenfalls nicht immer leicht. Sind die Ausgewanderten im Ausland erfolgreich, bringen sie es gar zu bescheidenem Wohlstand, dann kommt nur die abfällige Reaktion: Dort ist das ja auch kein Kunststück! Scheitern sie aber, dann gelten sie als echte Versager, die sogar im reichen Ausland untergehen. Sie haben also keine Chance auf Anerkennung, was auch immer sie tun. Das kann wiederum auch ziemlich kränkend sein – besonders, wenn man mit dem auswärts verdienten Geld die Familie in der Heimat unterstützt. Und so sind die Fronten zwischen Auswanderern und Griechen im Inland mitunter etwas verhärtet.

Das Auswandern hat bei den Griechen eine lange Tradition. Sehr viele siedelten sich in den USA an, dann gab es außerdem eine große Auswanderungswelle nach Australien, und generell haben sich fast überall außerhalb Griechenlands stattliche griechische Gemeinden gebildet. Darum heißt es, man sei als Grieche nirgendwo auf der Welt einsam.

In früheren Dekaden freilich kommunizierten die Fortgezogenen mit den Daheimgebliebenen naturgegeben lediglich auf postalischem Weg. Da schrieben sie oft von unermesslichem Reichtum, den sie erwirtschaftet, und schicken Villen, die sie sich errichtet hätten. Besonders bei den USA-Auswanderern erhielt man lange den Eindruck, jeder hätte es mindestens zum Millionär gebracht.

Dann ergab es sich, dass Flüge erschwinglich wurden, und plötzlich reiste die Verwandtschaft höchstpersönlich an. Und fand beispielsweise statt der beschriebenen Luxusdomizile im Herzen New Yorks mitunter nur völlig durchschnittliche Vorortsiedlungshäuschen in entlegenen Gegenden New Jerseys vor. Das sprach sich wohl herum, und seither werden Auswanderer per se genauer taxiert: die Uhr, das Kleiderlabel, die Automarke.

Markes, Markes – griechischer Markenwahn

Schon als Teenager benutzte meine griechische Cousine Anna ausschließlich Kosmetikprodukte der Firma Clinique – zum Reinigen, Hauterfrischen, Eincremen und was sonst noch möglich ist. Ich hatte eine Tube Clearasil für etwa 6 Mark 95.

Außerdem trug Anna nur Markenkleidung, selbst ihre Sportsocken waren Markenprodukte, von Adidas. Ich bekam aus Prinzip nie etwas mit Logo. Damals, in den Siebzigern, klagten bereits manche Mütter von Mitschülerinnen in München, auf meinem Bogenhausener Mädchen-Gymnasium grassiere der Markenwahn: Alles hatte von Gucci oder Fiorucci zu sein, und an den Füßen trug man sogenannte College-Schuhe, die gab es erst ab hundert Mark aufwärts, was damals wirklich viel war. Ich aber besaß nicht mal das günstigste Fiorucci-Teil, das praktisch jeder hatte: ein T-Shirt mit kleinen Sternchen drauf. Denn meine eingedeutschte Mama gehörte der bewusst erziehenden Fraktion an und lehnte solchen »Marken-Quats« rigoros ab.

Den Anblick meiner Cousine in Designerwaren konnte ich also gut ertragen, ich war es ja gewohnt. Und immerhin besaß ich wenigstens eine echte Levis-Jeans und einen Lipgloss von Max Factor – Anna durfte sich noch gar nicht schminken.

Es gab also von meiner Seite aus kaum etwas, mit dem ich als deutsche Cousine prahlen konnte. Auch meine Eltern konnten nicht prahlen, denn die griechische Verwandtschaft war eindeutig besser gestellt als wir. Die Wohnung von Annas Eltern in Piräus beispielsweise war etwa dreimal so groß wie unsere. Und der Vater meines Cousins Stelios hatte als Manager ungefähr tausend Leute mehr unter sich als mein Papa, der Ingenieur. Im Gegenteil, ich prahlte zu Hause in Deutschland mit der griechischen Verwandtschaft, zum Beispiel, weil Onkel Michalis eine Art Nobel-Zahnarzt war und seine Patienten Reeder, die uns zu Festen auf luxuriöse Segeljachten einluden, wo wir von Personal bekocht wurden (»Es gibt so viel Reichtum in Griechenland!«). In Deutschland glaubte mir das natürlich kein Mensch.

Der Vorteil war, dass wir nie von der griechischen Verwandtschaft bezüglich unserer Statussymbole taxiert wurden. Wir hatten ohnehin nichts Besonderes vorzuzeigen. Und wir konnten auch gar nichts vorgeben, was nicht der Wahrheit entsprochen hätte, denn die Verwandtschaft besuchte uns alle naselang und quartierte sich auch gleich bei uns ein. Obwohl man wohl Besseres gewohnt war als unsere Durchschnittswohnung, die eigentlich viel zu eng war, um vier oder sechs Personen zusätzlich zu beherbergen. Dass dies niemanden störte, war das Nette an der griechischen Verwandtschaft. Alle fanden es bei uns gemütlicher als im Hotel, denn auf diese Weise konnte man gemeinsam kochen, essen und den ganzen Tag lang plaudern, plaudern, plaudern.

Nur bei einer Sache, die wir besaßen, bekamen meine Verwandten glänzende Augen: Papas Opel, den sie »Oppel« nannten. Sie bekamen auch glänzende Augen bei den »Volkswaggen« in unserer Straße, den BMWs, den Volvos, sogar bei den Fiats. Denn die gut situierte griechische Verwandtschaft fuhr ausschließlich japanische Billigautos. Das lag an der Luxussteuer, mit welcher Automobile in Griechenland damals belegt waren – auch Gebrauchtfahrzeuge. Deshalb kostete ein kleiner Toyota in Griechenland damals in etwa so viel wie bei uns ein Mercedes.

Die alte Luxussteuer ist längst abgeschafft, stattdessen gibt es komfortable Leasing- und Finanzierungsmöglichkeiten. Deswegen gönnen sich die Griechen nun besonders gern die neuesten Automodelle und kompensieren damit die Marken-wagen-Sehnsucht der früheren Jahre – wer heute noch einen gebrauchten Toyota chauffiert, ist entweder irgendwie alternativ oder völlig abgebrannt.

Der unbedingte Drang zum glänzenden Neuwagen jedenfalls ist sicherlich durch die alte Luxussteuer bedingt, beim übrigen Markenwahn tappte ich allerdings lange im Dunklen. Klar war mir nur, *dass*, aber nicht *warum* die Griechen (noch) mehr auf Labels stehen als die Deutschen. Die Erklärung lieferte schließlich kein Grieche, sondern ein Spanier: Es liege daran, dass Spanien, (Süd)italien und Griechenland lange Zeit so viel ärmer waren als Deutschland oder etwa Schweden. Wenn man dann etwas hatte, zeigte man das auch gern. Übrigens sei das nun auch im ehemaligen Ostblock so, bekundet der spanische Bekannte. Der Mechanismus des Hinter-fragens habe in diesen Ländern einfach noch nicht eingesetzt. »Bei uns ist die Zeit noch nicht reif für das Understatement«. Das leuchtet ein.

4. Stunde: Die Sirtaki-Therapie

Endlich tanzt Takis wieder – theoretisch. Seine Trauerzeit ist vorbei, Mikis hat schon mit ihm telefoniert. Allerdings ist er noch nicht erschienen, als ich – selbst schon wieder etwas spät dran – in den Raum hetze.

»Fast hätte ich es heute nicht mehr geschafft«, stöhne ich, als ich die Straßenschuhe gegen Turnschuhe tausche. »Ich hatte heute Stress!«

»Dann ist es gut, dass du doch noch gekommen bist«, sagt Nitsa. »Hier fällt aller Stress von einem ab«, findet sie.

»Tanz ist Therapie!« bestätigt auch Mikis, der heute ein T-Shirt mit der Aufschrift *Born to be Child* trägt.

»Tanz tut der Seele gut. Aber eigentlich ist der ganze Kurs eine Therapie, einfach, weil er so griechisch ist!« Also die Sirtaki-Therapie. Und die geht so: »Wenn Deutsche einen Kurs buchen, dann läuft alles ganz geregelt ab: Sie kommen pünktlich, dann absolvieren sie ihre Stunde. Sie haben sie ja bezahlt, da wollen sie etwas für ihr Geld haben. Wir aber hören manchmal eine halbe Stunde lang auf zu tanzen und reden einfach nur. Und dann tanzen wir wieder, solange wir Lust haben. Wir machen das ganz locker. Nur, weil die Zeit eigentlich abgelaufen ist, heißt das ja noch lange nicht, dass wir unbedingt aufhören müssen!

Und nur, weil es ein Tanzkurs ist, heißt das noch lange nicht, dass wir nicht auch singen dürfen. Manchmal singen wir nämlich unten in der Taverne, stundenlang. Im Winter machen wir das oft, wir haben auch griechische Liederbücher. Du solltest mal Takis singen hören – der hat vielleicht eine tolle Stimme! Lazaros auch.

Nach der Sommerpause treffen wir uns dann immer an einem Samstagabend zum Essen und Tanzen in einer Taverne. Aber manchmal kommen wir gar nicht zum Tanzen. Du ahnst nicht, was da los ist, alle umarmen sich und küssen sich vor lauter Freude, sich wieder zu sehen. Das ist doch viel wichtiger und schöner, als immer genau auf die Uhr zu sehen«, sagt Mikis.

So viel zur Theorie. In der Praxis steht Mikis ein paar Minuten später schon wieder am Fenster und hält nach Takis Ausschau: »Wo bleibt er bloß?!« Mag sein, dass es überpünktliche Deutsche gibt, die das Klischee von den typischen Deutschen am Leben halten, doch ebenso, wie jede Menge chronisch zu spät kommende Deutsche existieren, gibt es auch viele sehr genaue und pünktliche Griechen. Mikis ist einer von ihnen, er ist eigentlich immer zehn Minuten früher da.

Wir sind schon beim dritten oder vierten Tanz, als endlich die Tür aufspringt und Takis mit Mimi auf der Bildfläche erscheint. Mikis freut sich. Aber er versteckt seine Freude hinter Kritik.

»Musst du eigentlich immer zu spät kommen?«

Takis strahlt, als hätte Mikis ihm gerade ein besonderes Kompliment ausgesprochen. »*Phile*, Freund, wie lange kennst du mich?«, sagt er und breitet die Arme aus, als wolle er Mikis und uns alle gleichzeitig umschließen. »Wie lange, sag: zehn Jahre? Fünfzehn Jahre?«

Mikis grummelt nur ein wenig in seinen nicht vorhande-

nen Bart und legt neue Musik auf. Außer den ganz Eifrigen –
Carla, Nitsa, Panajota, Markos – kümmert sich niemand darum. Jetzt geht es viel mehr darum, Takis mit großem Hallo
willkommen zu heißen.

Als dann der größte Teil der Gruppe sich schon wieder
zum Tanz eingefunden hat, stehen Lazaros und Stavros immer noch mit Takis plaudernd in der Ecke.

»Wir machen das alles ganz locker«, hat Mikis noch vor einer viertel Stunde gesagt. Nun straft er sich selbst Lügen: Mikis schimpft. Irgendwas über »der ganze Ablauf wird gestört«.

Takis lacht: »Seit fünfzehn Jahren besuchen wir diesen
Kurs, und es war noch nie anders. Warum sollte es jetzt plötzlich anders sein?« Und lässt sich noch ein bisschen Zeit für
sein Gespräch.

»*Pädia*, Kinder«, mahnt also Mikis, und dann, ziemlich
laut: »*Pädiaha!*« Mikis besitzt eine recht helle, für sein Alter
jugendliche Stimme. Sie klingt nur meist etwas heiser, von
den Kommandos, die er durch die Musik rufen muss. »*Pädiaha!*« Die Herrenrunde lässt sich immer noch nicht stören.

Als Takis endlich zu tanzen beginnt, scheint er dann merkwürdig aufgekratzt – fast ein bisschen zu gut gelaunt. Mimi,
seine Frau, ist ebenfalls betont gut gelaunt. Sie singt sogar mit,
laut und vernehmlich – anders als Carla, die stets leise die Lip-
pen mitbewegt, obwohl sie die Worte nicht immer versteht.
Mimi hat auch eine schöne und kräftige Stimme, sie übertönt
sogar die laute Musik.

In dem Stück, das wir gerade tanzen, geht es um die Frage,
ob eine Frau sich für ihren Geliebten entscheiden und ihn
zum Mann nehmen soll, oder nicht. »Nimm ihn nicht«, singt
Mimi. »Nimm ihn um Himmels willen nicht«, ändert sie den
Text ab und ringt die Hände. »Man sollte sie grundsätzlich

nicht nehmen«, tönt sie, und wir anderen lachen pflichtschuldig mit.

Takis aber hält sich zurück und schenkt seiner Frau lediglich ein säuerliches Grinsen.

»Na, Stavros, mein Freund«, sagt er dann, legt Stavros den Arm um die Schultern und startet die Retourkutsche: »Du bist ein Glückspilz, weißt du das?! Wenigstens einer von uns, der davongekommen ist.« Weil Stavros ja noch nie verheiratet war.

Nun ist es an Mimi, ein säuerliches Lächeln zu zeigen. So stehen sie beide da und fixieren einander mit leicht zusammengekniffenen Augen und einem spöttischen Lächeln, das als Kampfansage zu verstehen ist.

Mikis legt ganz schnell neue Musik auf, es ist der Tanz, der mir beim ersten Mal so schwergefallen ist. Nun kenne ich die Schritte schon einigermaßen und weiß auch, dass er aus Kreta kommt, und Mikis brüllt wieder:

»*Ena, thio, tria – tsouk! Ena, thio, tria – tsouk!*« Es ist ein schwieriger Tanz, und recht schnell. Wir tanzen rasend im Kreis durch den Raum. Alle sind konzentriert. »*Ena, thio, tria – tsouk.*«

»Ach, ich dachte, es ist *tsouk – ena, thio, tria*. Und nicht *ena, thio, tria – tsouk*«, ruft dann plötzlich Takis und will sich ausschütten vor Lachen. Mikis und Mimi strafen ihn mit giftigen Blicken.

Takis tut, als merke er nichts, und lässt sich nicht aus der Ruhe bringen. Er tanzt gut, geradezu perfekt. Er kann sich kleine Nebenbemerkungen leisten, das bringt ihn nicht aus dem Tritt. Den kleinen lässigen Schlenker, das *tsouk,* führt er so lässig und souverän aus, als wäre er selbst der Lehrer. »Pampampampampam!«, macht Mikis, als der Tanz mit vielen kleinen Laufschrittchen ausläuft. Pampampam ist dann auch Takis zu schnell und anstrengend für Zwischenbemerkungen.

Nach *tsouk* und Pampampam geht es dann aber wieder etwas ruhiger weiter: mit einem Tanz, den die Gruppe vor längerer Zeit einmal einstudiert hatte. Sprich: Ich kenne ihn noch gar nicht.

»Ist ganz einfach«, sagt Mikis, aber das sagt er immer. »Schau auf mich«, sagt er, und ich vermeide es, auf die schrittsichere Nitsa zu schauen, und folge Mikis, der sich vor mir aufgebaut hat.

»*Ena*, zack, *ena*, zack.« Mit *ena* ist ein kleiner Schritt nach links gemeint, mit zack ein kleines Stampfen mit dem rechten Fuß. Die Lyra tönt dazu besonders aufgeregt. Wir gehen und stampfen. *Ena*, zack, *ena*, zack.

Plötzlich bricht es aus Takis heraus: »Zack, *tsouk!* Was ist denn heute bloß los? Das ist ja der Abend des Zack und *tsouk!*«, und er will sich wieder ausschütten vor Lachen.

»Du bist mal wieder ein richtiger Witzbold«, sagt Mimi und verdreht die Augen. »Ich falle noch mal um vor Lachen mit dir!«

Es ist schließlich schon neun, als sich Ermüdungserscheinungen bei der Gruppe einstellen: Lazaros ist mal wieder still verschwunden, wir werden ihn sicher erst unten im Lokal wieder treffen. Panajota hat sich auf einen Stuhl gesetzt, sie massiert ihre linke Wade. Stavros und Takis stehen wieder plaudernd in der Ecke.

Carla aber wirkt noch immer so frisch, als hätte die Stunde gerade erst begonnen. Sie und Nitsa halten sich fest an den Händen, wie kleine Mädchen, und verharren erwartungsvoll in der Mitte des Raumes, während die anderen die kurzen Musikpausen immer dazu nutzen, ein wenig im Raum herumzugehen und ein paar Worte zu wechseln. Da fällt mir plötzlich auf, dass ich diesmal das allererste Mal keine Minute pausiert habe. Langsam baue ich Volkstanz-Kondition auf.

Mikis ist auch noch voller Energie. Wenn es nach ihm ginge, könnte auch gut drei oder vier Stunden getanzt werden: »Und jetzt lernen wir noch einen ganz neuen Tanz: Der kommt vom Peloponnes!«

»Ooooch!«, machen alle (außer Carla und Eleni).

»Wieso denn ein ganz neuer Tanz?«, mault Vicky. »Es ist doch schon spät!«

»Wieso überhaupt ein neuer Tanz?«, sagen Panajota und Mimi.

»Wir sind doch sowieso am Ende des Kurses. Lass uns die neuen Tänze im Herbst lernen.«

»Der Kurs geht doch noch bis zum Sommer! Da könnt ihr noch eine Menge lernen«, sagt Mikis.

»Es ist ja praktisch schon Sommer!«, mault Vicky »Wozu sollen wir da noch was Neues anfangen …«

»Der Kurs geht noch lange genug!«, sagt Mikis, sehr bestimmt. »Und jetzt lernen wir den neuen Tanz, *ellate, ellate,* kommt schon, kommt schon!« Ein bisschen kommt er mir manchmal vor wie ein Grundschullehrer, der es mit einer Klasse Sechsjähriger aufnehmen muss.

Also lernen wir einen neuen Tanz, aus Pontos. Und dann noch einen neuen Tanz, und noch einen. Mikis ist wie immer voller Ehrgeiz, und wenn wir schwächeln, werden wir mit Nachsitzen und einer Extraportion (Bein-)Arbeit bestraft.

Die Treppe runter in die Taverne kommt mir nach diesem Abend sehr steil und beschwerlich vor, und ich freue mich, dass unten bereits meine bestellte *Brisola*, ein Kotelett, auf dem Teller dampft: Mikis hat mir den Platz neben sich reserviert.

Takis sitzt uns gegenüber. »Nimm von meinem Tsatsiki, *pare, pare*, nimm, nimm!«, fordert er Mikis auf.

Mikis verdreht nur die Augen.

»Er mag nämlich kein Tsatsiki!«, erklärt Takis mir. »Aber ich biete es ihm nun schon seit fünfzehn Jahren immer wieder an! Und er sagt nein danke. Das ist unser Ritual. Seit fünfzehn Jahren.«

»Ein Grieche, der kein Tsatsiki mag«, lache ich. Wo gibt's denn so was.

»Nein, mag ich nicht, mochte ich auch noch nie. Ekelt mich an, der ganze Knoblauch da drin«, sagt Mikis.

Takis freut sich, er genießt den Abend so richtig. Er hat den Tanzkurs offensichtlich sehr vermisst in seiner Trauerzeit: »Sag mir einen Kurs, wo die Leute so lange zusammen sind. Sag mir einen Kurs, wo's so was gibt!«

»Und wenn wir noch fünfzehn Jahre zusammen tanzen – du wirst mir trotzdem jedes Mal Tsatsiki anbieten!«, sagt Mikis.

»*Wewea*, selbstverständlich«, sagt Takis. »Ich bin einfach ein freundlicher Mensch.«

»Er ist heute ein bisschen durchgedreht, weiß der Himmel, warum«, erklärt mir Mikis. »Aber er ist eigentlich ein netter Kerl!« Und Mikis und Takis lachen sich an, voller Wärme. Mimi lacht auch, aber etwas säuerlich und mit zusammengekniffenen Augen. »Ja, sehr nett. Wahnsinnig nett. Wenn man ihn nicht die ganze Zeit ertragen muss«, sagt sie.

»Die nächsten fünfzehn Jahre jedenfalls musst du mir dein Tsatsiki anderswo anbieten. Nämlich auf Syros!«, sagt Mikis.

Carla seufzt, sie sieht aus, als würde sie gleich weinen – ein lächelndes, wehmütiges Weinen: »Ich verliere meine Familie!«, sagt sie, denn Mikis ist so etwas wie ihre Familie: Er ist ihr bester Freund.

Sie weiß es schon. Aber die anderen noch nicht.

»*Pädia*, hört zu! Hört alle zu! Ende August höre ich auf zu arbeiten. Schluss, aus, für immer. Nie wieder Arbeit! Und dann geht's ab nach Syros!« Mikis hat sich nämlich entschieden, diesen Sommer bereits in den Vorruhestand zu gehen.

»Ich verliere zwar damit ein bisschen von der Rente. Aber eben nur ein bisschen. Ich bin raus. Nie wieder Arbeit!«

Vicky wollte gerade ihr *Souvlaki* zum Mund führen, nun bleibt das Spießchen in der Luft, zwischen Teller und Mund, und Sofia reißt die Augen auf: »Heißt das, der Kurs ist zu Ende, für immer? Kein Kurs mehr im Herbst? Das glaube ich jetzt einfach nicht!«

»Nein, nein«, beruhigt Mikis. »Noch bin ich ja da. Man kann ja nicht von heute auf morgen einfach verschwinden. Ich muss ja meine Wohnung hier auflösen und alles regeln. Mich außerdem informieren, wie es dann mit mir weitergeht, mit den Rentenbezügen und so. Und vielleicht studiere ich erstmal wieder ein paar Semester. Ich hätte Lust, wieder Kunst zu studieren. Ihr wisst ja, ich habe mein Kunststudium damals abgebrochen, darauf hätte ich jetzt wieder Lust. Ich kann jetzt alles machen, wozu ich Lust habe! Aber irgendwann, so in gut zwei Jahren, da geht's dann nach Syros, für immer!«

Carla versieht ihn mit einem tieftraurigen Blick.

»Das *Souvlaki* schmeckt irgendwie komisch«, sagt Vicky, die mittlerweile gekostet hat.

»Das ist der Schock!«, sagt Mimi.

»Nein, meines ist auch irgendwie – ich weiß auch nicht«, sagt Stavros.

»Nimm Tsatsiki! Mit viel Tsatsiki geht's!«, sagt Takis.

»Warum ausgerechnet Syros? Du kennst dort doch niemanden«, gibt Mimi zu bedenken.

»Syros ist wunderschön! Und außerdem ist dort so richtig was los. Das ist eine Insel mit kulturellem Leben. Da sind jede Menge Künstler, auf Syros. Viele interessante Leute. Syros ist wie Athen, nur kleiner.«

»Wie Athen, dass ich nicht lache«, schnaubt Mimi. »Das glaubst du doch selbst nicht.«

»Doch, wirklich, du wirst schon sehen. Denn ihr seid natürlich herzlich eingeladen. Jederzeit könnt ihr kommen und so lange bleiben, wie ihr wollt. Ich miete mir ein großes Haus am Meer, die Mieten sind lächerlich niedrig dort, verglichen mit München. Ihr kommt, wann ihr wollt, und bleibt, solange ihr Lust dazu habt.«

»Niki«, ruft Takis, »was ist denn heute mit den *Souvlakia* los?«

Kyria Niki kommt an den Tisch, ein kurzer Schatten verdunkelt ihr sonst so freundliches Lächeln: »Meine *Souvlakia*? Sind die nicht *endaxi*, okay?«

»Sie haben so einen Geschmack …«, sagt Sofia.

»Einen Geschmack? Meine *Souvlakia*?«

»Irgendwie anders als sonst jedenfalls«, sagt Takis.

»Ach so«, sagt Niki. Das kommt von der Würzmischung. Mein Metzger hatte heute kein normales Fleisch mehr. Nur noch Grillfleisch. Gewürzt. Das ist der Geschmack vom deutschen Grillgewürz.«

»Ach so«, sagt Takis. »Na dann – macht ja nichts!« Aber als Niki den Tisch verlässt, sagt er: »*Souvlakia* mit deutschem

Grillgewürz – das ist wohl ein Multi-Kulti-Spieß.« Große Heiterkeit – außer bei Mimi. Die schlägt sich nur mit der flachen Hand an die Stirn.

»Wir machen jedenfalls Seminare auf Syros«, verspricht Mikis. »Wir tanzen! Und ihr müsst alle kommen!«

»Da musst du aber ein großes Haus mieten«, sagt Vicky.

»Ein so großes Haus, dass wir alle reinpassen, ist selbst auf Syros nicht bezahlbar«, mäkelt Lazaros.

»Schlaft ihr eben im Schlafsack, bei mir im Garten. Ich werde auf jeden Fall ein Haus mit einem großen Garten mieten, da könnt ihr alle kommen, und wir machen Tanzseminare. Das wird großartig, ihr werdet sehen.«

»Meine Frau und im Schlafsack schlafen – das glaubst du doch nicht im Ernst«, sagt Takis. »Die Damen wollen doch ihren Luxus, und du sprichst von Schlafsäcken.«

Mimi rückt die große, imposante Brille mit den getönten Gläsern zurecht, sie zupft an ihrer bunten Chiffon-Flatterbluse, sie setzt zu einer längeren Erklärung an: »Luxus! Ich und Luxus! Mein Leben besteht aus Kochen und Putzen und Kinder-Großziehen und Schmutzige-Wäsche-Waschen. So viel zum Thema Luxus.« Es sei das typische Los der Mütter. Dabei sei sie Akademikerin, sie hat deutsche Literaturwissenschaft und Byzantinistik studiert. Damit wäre sie auf dem griechischen Arbeitsmarkt durchaus gefragt gewesen, als Studienrätin hätte sie arbeiten können. Aber in Deutschland?!

Eine Zeitlang hat sie allerdings hier auf dem griechischen Gymnasium gearbeitet. Nun ist sie aber schon länger als Hausfrau tätig, »und da ist man alles andere als verwöhnt von Luxus. Ich bin zufrieden mit einem Schlafsack in deinem Garten, Mikis! Jederzeit! Ich habe in meiner Jugend oft genug im

Schlafsack geschlafen, wenn ich auf den Inseln war. Warum sollte ich das heute nicht mehr schaffen?«

»Ach ja, diese Schlafsackreisen«, sagt Mikis, »Das waren Zeiten! Wie damals mit Artemis, als wir zusammen waren. Als wir noch jung waren!«, und jetzt klingt er wie Manolis.

»Ja, du und Artemis, das ist ja schon eine Zeitlang her – hundert Jahre oder so«, sagt Stavros.

»Artemis ist Markos' Mutter, musst du wissen«, raunt mir Vicky zu. »Die beiden waren mal ein Paar.«

Jetzt wird's interessant, denke ich.

»Habe ich euch eigentlich schon mal erzählt, wie wir, Artemis und ich, damals zusammen in Salzburg waren? Mit nur fünf Mark in der Tasche?«

»Ich kenne die Geschichte, die hast du schon oft erzählt«, sagt Lazaros, aber ich kenne sie noch nicht, und Mikis will sie gern erzählen:

»Artemis hat damals im Studentenheim gewohnt, in der Rosenheimer Straße, das war so Anfang der Siebzigerjahre. Eines Tages langweilten wir uns, und ich sagte: ›Was machen wir jetzt?‹ Da sagte sie: ›Ich hätte Lust, mal Salzburg kennen zu lernen.‹«

»Und dann?«

»Na ja, wir hatten leider gerade überhaupt kein Geld. Sie hatte nur fünf Mark. Und ich hatte auch nur fünf Mark. Da haben wir gesagt: Egal, fahren wir trotzdem!«

»Mit dem Auto?«, frage ich.

»Klar, mit dem Auto«, sagt Mikis. »Aber nicht mit unserem Auto. Wir hatten ja noch gar keines. Wir sind Autostopp gefahren, also per Anhalter. Und wir sind gleich mitgenommen worden. Wir hatten so eine Ausstrahlung – jeder hat sofort angehalten!«

»Und wo habt ihr geschlafen in Salzburg?«, frage ich.

»Ach, das ging schon, kein Problem. Eine Nacht haben wir auf einer Bank am Bahnhof verbracht, wir hatten natürlich Schlafsäcke dabei. Wir haben für die Leute getanzt, auf der Straße. Man hat uns zum Essen eingeladen. Alle waren total nett zu uns, haben uns eingeladen und uns die Stadt gezeigt. Einfach so. Das kam, weil wir so gut drauf waren. Wir haben das ganze Wochenende in Salzburg verbracht. Es war Sommer und sehr warm, wir haben nicht viel gebraucht. Ich glaube, ich hatte sogar noch Geld übrig, als wir zurückkamen. Aber wir waren mit nur fünf Mark in der Tasche in Salzburg, stellt euch das mal vor!«

Dann wollen Takis und Mimi aufbrechen, also machen auch Stavros und Vicky sich bereit. Takis fährt sie nach Hause. Denn Takis kommt immer mit dem Wagen.

»Takis fährt nie U-Bahn«, erläutert Mikis, der fast immer U-Bahn fährt. »Der ist ein typischer Grieche«, erklärt er mir. »Die typischen Griechen fahren immer mit dem Auto.«

»*Wewea*, na klar!«, sagt Takis. »Ich muss doch mit dem Auto fahren! Allein schon wegen des Jobs.« Takis ist Bauingenieur und muss Baustellen besuchen.

»Aber hierher, am Abend, könntest du mit der S-Bahn fahren. Dann könntest du auch einfach noch ein Bier bestellen.«

»Ich fahre doch nicht von Obermenzing, wo ich wohne, mit der S-Bahn in die Innenstadt! Wozu habe ich denn ein schönes, großes Auto? Doch wohl nicht, um mitten in der Nacht mit der S-Bahn zu fahren.«

»Ich habe auch ein Auto, aber ich fahre fast nie«, prahlt Mikis. »Ich war noch nicht ein einziges Mal mit dem Auto am Flughafen. Selbst als meine alte Tante aus Athen zu Besuch kam, habe ich sie mit der S-Bahn abgeholt. Ich weiß gar nicht, wie man mit dem Wagen zum Flughafen kommt.« Offenbar ist er sehr stolz darauf, sich so umweltfreundlich zu verhalten.

»*Och i fukariara i thia* – ach, die ärmste Tante!«, sagt Takis. »Die hättest du aber ruhig mal mit dem Auto abholen können. Und außerdem: Da würde meine Frau sich ganz schön beklagen, wenn sie um die Zeit noch S-Bahn fahren müsste.« Und ausnahmsweise gibt Mimi ihm recht. Dann necken sich Takis und Mikis noch eine Weile und diskutieren darüber, ob es nun besser ist, Auto zu fahren, oder ob es sich bei dieser Gewohnheit nur um den typischen griechischen umweltschädigenden Starrsinn handelt. Und dann klopfen sie sich liebevoll auf die Schulter und Takis und seine Autopassagiere gehen.

Zurück bleiben Mikis, der noch ein zweites Bier trinkt – vielleicht nur, weil er das als U-Bahn-Gast darf – und Carla, die noch einen Cappuccino nimmt. Und ich.

»Der Takis!«, sagt Mikis und lächelt. »Der ist wirklich typisch griechisch. Fährt immer Auto. Und ist trotzdem immer zu spät.«

»Aber heute war er ein bisschen komisch drauf«, werfe ich ein. »Und Mimi auch!«

»Ja, die beiden!«, sagt Mikis. »Die haben einfach zu viel Energie. Weißt du, was denen passiert ist? Nein, woher sollst du's wissen. Die beiden haben drei Kinder, für die sie alles getan haben. Das ganze Leben hat sich um diese drei Kinder gedreht. Und du weißt ja, wie sich bei griechischen Eltern alles um die Kinder dreht – noch viel mehr als bei deutschen Eltern. Doch urplötzlich sind alle ausgezogen! Alle drei, auf einen Schlag. So mehr oder weniger. Nur der Jüngste wohnt noch zu Hause, aber der ist auch schon Student und nie da. Ja, und plötzlich ist man allein als Paar im Haus, die Kinder brauchen einen nicht mehr«, erklärt Mikis.

Ich verstehe: »Und dann stirbt auch noch der Pappous, und man geht vierzig Tage kaum noch aus. Da staut sich dann wohl die ganze Energie.«

»Genau«, sagt Mikis. »Darum ist es ja auch gut, dass sie jetzt wieder tanzen. Das ist für alles die beste Therapie.«

Jami – griechische Ehen

Wenn jemand in Griechenland einen anderen aufzieht oder hochnimmt, so heißt das: *Ton thoulevi*, er bearbeitet ihn. Irgendwie nehmen die Griechen sich alle irgendwie ständig gegenseitig ein wenig hoch – das ist ein weit verbreiteter Zeitvertreib. Je näher man sich steht, umso lieber scheint man sich zu frotzeln. Kein Wunder, dass besonders Ehepartner munter dabei sind.

Meine Großeltern beispielsweise waren darin sehr versiert. Allerdings hielten sie sich vor Außenstehenden damit zurück. Ich glaube, selbst meine Mutter hat sie nie dabei belauschen dürfen. Vor uns Kindern aber liefen sie zu Hochtouren auf:

»Die *avli* macht viel Arbeit. *Poli thoulia!*«, pflegte mein Pappous jeden Tag zu sagen, bevor er morgens zum Besen griff, um im Hof hinter dem Haus die heruntergefallenen Blätter wegzufegen, und dabei den Staub nur so aufwirbelte.

»Ja, kein Wunder«, sagte Yiayia dann immer. »Wenn man den Schmutz immer nur von links nach rechts und dann wieder von rechts nach links schiebt, dann nimmt die Arbeit natürlich nie ab. Und so hat euer Pappous immer den ganzen Tag zu tun, und es wird ihm nie langweilig. Nur die *avli*, die wird nie sauber!« Und sie zwinkerte uns zu.

»Eure Yiayia! Sie spricht, wie sie es versteht. Dabei sieht die Frau gar nichts! Ich könnte einen Eimer mit roter Farbe auf dem Boden ausgießen, und sie würde es nicht bemerken«, gab mein Pappous dann zurück, denn Yiayia war ja fast blind.

»Dass du nicht ordentlich fegst, das bemerkt sogar eine alte, blinde Frau wie ich. Wenn ich über den Boden gehe, dann merke ich ja, wie die welken Blätter unter meinen Füßen knistern. Kritzkratz macht das. Blind bin ich vielleicht – aber taub noch lange nicht«, kicherte sie – was natürlich eine Anspielung auf Pappous war, der akustisch nicht mehr alles mitbekam.

»Ach, diese Frau«, sagte Pappous dann. »Seit über fünfundfünfzig Jahren höre ich zu, wie sie sich beschwert. Kein Wunder, wenn meine Ohren langsam nachlassen.«

»Dann muss ich wohl bald ein Megafon kaufen!«, sagte Yiayia, und da kicherte auch er: »Kinder, Kinder – dazu wäre sie glatt im Stande!«

Mama hatte oft ein schlechtes Gewissen gegenüber ihren Eltern, denn in Griechenland ist es so üblich, dass sich die Töchter eher um die Alten kümmern als die Söhne. Und sie war ja weit weg. Sie fürchtete, die beiden Alten seien einsam und traurig ohne ihre Tochter. Aber ich glaube, meine Großeltern waren auch zu zweit ganz vergnügt.

Von meiner Mutter wurde ich in dem festen Glauben erzogen, dass Ehen in Griechenland grundsätzlich glücklich seien. Das lag daran, dass sie selbst fest davon überzeugt war. Zu verdanken war dieses Eheglück ihrer Auffassung nach den griechischen Männern. Die würden ihren Frauen alle Wünsche von den Augen ablesen, und außerdem seien sie *ikojeniarches*, Familienmenschen.

Die Ehemänner ihrer deutschen Bekannten verbrachten viel Zeit im Kegelclub oder im Sportverein, und manche gingen jedes Wochenende in die Berge oder zum Segeln – ohne weibliche Begleitung. Mama war das irgendwie suspekt. Sie fand es zwar in Ordnung, wenn Paare auch mal unterschiedlichen Interessen nachgingen – sie selbst besuchte sehr oft ohne Begleitung klassische Konzerte –, doch wer seine Familie laufend wegen irgendwelcher Hobbys allein ließ, ginge zu weit, fand sie.

Ein weiterer Beweis für die Qualität der griechischen Ehemänner war eine ganz subjektive Beobachtung meiner Mutter: Der zufriedene Gesichtsausdruck all jener deutschen oder britischen Frauen, die einen griechischen Mann geheiratet hatten und mit ihm in Griechenland lebten. »Sieh nur, wie gut es Jane geht, der Frau von Nikos. Griechische Männer lieben das Familienleben, und wenn sie ausgehen wollen, dann tun sie das am liebsten gemeinsam mit ihrer Frau. Und Jane und Nikos machen alles gemeinsam.« Außerdem hätten solche Paare den Vorzug, »das chärrrliche Leben in Griechenland zu leben!«

Unsere Verwandten und Freunde lebten tatsächlich sehr angenehm: Sie arbeiteten zwar hart und oft sehr lange – viele waren Freiberufler, und wer ein eigenes Geschäft hat, ist ja immer ziemlich eingespannt –, doch sie amüsierten sich auch nach Kräften. Die Kinder nahmen sie einfach mit, die schliefen dann einfach auf einer Bank in der Taverne ein. Fast jedes Wochenende ging es in die Wochenendhäuser außerhalb der Stadt, der ganze Freundeskreis versammelte sich, es wurde gebadet, gefischt, gemeinsam gekocht, gegrillt. Manchmal wurde nächtelang Karten gespielt, und oft sogar getanzt. Chärrrlich! Für Ehekrisen war da gar kein Raum.

Meine Eltern gaben sich natürlich alle Mühe, auch in Deutschland angenehm zu leben – sie machten Ausflüge, luden Freunde zum Essen ein. Was man eben so tun kann in einem Land, in dem »zehn Monate Winter« herrscht, wie Mama immer frustriert sagt. Darum zog es meine Eltern auch die ganze Zeit in den Süden.

Als ich älter wurde, kaufte ich ihr die Sache mit den guten griechischen Ehen natürlich nicht mehr ab. Ich wandt ein, die Südländer seien Machos, kommandierten ihre Frauen herum und beteiligten sich nie an der Hausarbeit.

»Das gibt es natürrrlich. Es gibt auch Spieler, Alkoolliker, sogar solche, die ihre Frauen schlagen. Das gibt es auf der ganzen Welt. Aber das ist nicht der Durchschnitt«, sagte Mama. »Chast du bei unseren Freunden jemals jemanden erlebt, der seine Frau rumkommandiert hätte? Sicher nie! Und was die Chausarbeit angeht: Zeig mir eine deutsche Ehe, in der der Mann die Chausarbeit macht!« Da kannte ich natürlich auch keine.

Heute wird Mamas Theorie von den guten griechischen Ehen durch die Statistik widerlegt: Mittlerweile gehen ebenso viele griechische Ehen in die Brüche wie deutsche Ehen. Und offenbar sind es auch dort großteils die Frauen, die den Scheidungsantrag stellen: Die moderne Griechin ist weitaus weniger zufrieden mit ihrem Ehemann als die Ehefrau in den Siebzigerjahren. Beispielsweise mit der Arbeitsteilung im Haushalt. Ganz besonders scheidungsanfällig aber sind – hier wie dort – die Mischehen.

Dass griechische Männer Familienmenschen sind, glaube ich aber mittlerweile selbst. Obwohl die Geburtenrate in Griechenland ebenso niedrig ist wie bei uns. Doch ist es offenbar so, dass griechische Männer Kinder mögen. Und zwar nicht erst, wenn sie selbst welche besitzen, sondern sogar schon davor.

Zum Beispiel lächeln junge Griechen grundsätzlich in die Kinderwagen, die des Weges kommen (das tun bei uns nur Frauen). Sie knuddeln mitunter sogar wildfremde Kinder auf der Straße oder streichen ihnen übers Haar. Ein junger Arzt, den ich vor einiger Zeit mit meinem damals dreijährigen Sohn konsultierte, nahm den Jungen sogar auf den Arm und küsste ihn begeistert auf die Bäckchen. (Der Kleine erstarrte vor Entsetzen, natürlich: Aus Deutschland war er eine solche Behandlung von Fremden nicht gewöhnt.)

Den Satz: »Ich bin noch nicht sicher, ob ich später mal Kinder haben will«, habe ich von jungen Griechen jedenfalls noch nie gehört. Sie sagen stattdessen: »Natürlich will ich später mal Kinder! Auf jeden Fall! Unbedingt!« Und das ist vielleicht keine so schlechte Ausgangsbasis für das Familienleben.

Ist es dann so weit, werden sie zu *chasobabathes*. Das heißt: Von ihren Kindern lassen sie sich zu Trotteln machen. Sie himmeln sie einfach völlig an! Und dann ziehen ihre Frauen sie damit auf: »Seht mal, was er dem Kleinen gekauft hat: Schon wieder ein neues Fußballtrikot!«

»Das ist doch jetzt das neueste. Soll *mein* Junge etwa in einem alten Fußballtrikot spielen gehen?«

»Ja, ja, schon gut«, sagen dann die Frauen: »*Chasobaba.*«

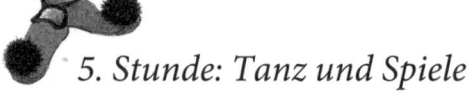

5. Stunde: Tanz und Spiele

Eigentlich rechne ich nicht damit, dass an diesem Abend getanzt wird. Heute spielt bei der WM Griechenland gegen Argentinien. Ich erreiche Mikis nicht am Telefon, aber ich bin ganz sicher: Heute wird nicht getanzt! Ich fahre trotzdem ins Westend, denn bestimmt macht es Spaß, das Spiel der Griechen gemeinsam mit Griechen anzusehen.

Die anderen hatten offenbar den gleichen Gedanken: Der Raum im zweiten Stock ist heute besonders voll, sogar Manolis ist da, und Takis und Mimi sind pünktlich.

»*Pädia*, Kinder, wo schauen wir? Wird Zeit, dass wir uns was überlegen! Wo gehen wir hin?«, sagt Takis.

»Wenn wir uns nicht bald entscheiden, gibt es in den Lokalen mit großem Fernseher keine Plätze mehr«, sagt Vicky.

»Ich interessiere mich zwar nicht so für Fußball«, sagt Panajota. »Aber heute müssen wir doch gucken. Wenigstens heute!«

»Ich auf jeden Fall!«, sagt Vicky. »Das lasse ich mir nicht entgehen! Also, was machen wir?«

Mikis sagt gar nichts, sondern stellt einfach nur die Musik lauter.

»Was soll das bedeuten?«, fragt Lazaros. »Was ist mit Fußball?«

Mikis zuckt nur mit den Schultern. Er hört einfach nicht mehr zu. Mikis tanzt.

»Es ist immer das Gleiche!«, sagt Lazaros. »Ständig müssen wir tanzen. Kann man nicht ein Mal was anderes machen?!« Und dann verschwindet er, wie so oft, einfach nach unten, in die Taverne.

»Ist ja schließlich auch ein Tanzkurs«, muffelt Mikis, der sich offenbar gar nicht an seine Rede vom letzten Mal erinnern kann. »Die Leute sind hier, um zu tanzen.«

Carla und Nitsa auf jeden Fall. Sie haben schon getanzt, als ich den Raum betreten habe, und keinen Moment pausiert, während die anderen noch diskutierten.

»Außerdem hat das Fußballspiel doch noch gar nicht angefangen«, sagt Mikis.

Allmählich reihen die Übrigen sich ein. »Aber wenn's losgeht, bin ich weg«, sagt Vicky. »Ich muss einfach gucken.«

»Wenigstens die zweite Halbzeit sollten wir sehen!«, ruft Panajota.

»Jetzt wissen wir immer noch nicht, wo wir das Spiel überhaupt anschauen«, sagt Takis.

»Mir ist der Fußball so was von wurst heute«, sagt Mikis. »Vollkommen wurst!« Er sagt es deutsch-griechisch: »*Mou ine* wurst!« Er ist schlecht drauf heute, sehr blass und hat Ringe unter den Augen. Wahrscheinlich nimmt ihn die Sache mit dem Vorruhestand in Anspruch. Jedenfalls ist klar, dass Mikis heute keinesfalls ohne psychotherapeutischen Tanz auskommt.

Und während ich so über Mikis nachdenke, fällt mir plötzlich auf, dass ich gar nicht über das Tanzen nachdenke. Ich tanze einfach! Ich blicke nicht nach unten auf die Füße der anderen, auch nicht auf meine. Ich trage den Kopf hoch erhoben und tanze nach der Musik. Ganz automatisch!

Das ist der Moment, in dem der Rhythmus das Kommando

über meine Beine übernommen hat. Die machen plötzlich alles ganz alleine. Aber vielleicht liegt das auch nur daran, dass ich diesen Tanz nun schon ganz gut kenne: Tiptiptip nach rechts. Stopp! Mit links nach vorne, rechts, links. Dann Schlenker rechts. Stopp! Und weiter tiptiptip.

»Nun geht es nach Pontos«, sagt Mikis. Trommeln erschallen, und die Musik wird besonders schrill. Die Griechen aus Pontos tanzen, als hätten sie einen Stock verschluckt: Nur die Füße bewegen sich, sie führen ganz kleine, wippende Bewegungen aus. Durch das Wippen hüpft der stocksteife Körper rauf und runter. Es sieht aus, als wären wir gar keine lebendigen Tänzer, sondern Puppen, die von oben an Seilen bewegt werden. Hüpf, hüpf, hüpf.

Wir sind allerdings keine Puppen, deswegen spüren wir unsere Füße: Der Tanz dauert ewig. Die Gelenke schmerzen.

»Noch ein Tanz aus Pontos!«, ruft Mikis begeistert. Wieder wippendes Hüpfen. Oder hüpfendes Wippen. Dieser Tanz ist noch länger als der andere.

»Jetzt ist es dann aber mal gut mit Pontos«, sagt Panajota. »Können wir nicht mal was anderes machen?!«

»Nur noch einen!«, sagt Mikis. »Der ist besonders interessant!«

Vor allem ist er besonders anstrengend. Wir spüren unsere Füße nicht mehr. Wir stolpern nur noch herum. Mikis ist unzufrieden.

»Nein, nicht so! Nicht mit den Zehenspitzen aufsetzen! Ganz falsch!«

Noch mal dasselbe anstrengende Lied. Mikis ist ungehalten:

»Immer noch setzt ihr die Zehenspitzen auf. Schaut auf

mich: Ferse aufsetzen. *Dann* erst Zehen heben. Nicht umgekehrt!«

»Ich bin gleich beim Fußball«, sagt Vicky.

»Aber jetzt tanzen wir Pardala Tsourapia«, ruft Mikis im Tanzfieber.

Pardala Tsourapia ist ein Frauentanz, erklärt Mikis. Ein sehr merkwürdiger Tanz: Man geht zwei, drei, vier kleine Schritte, dann hüpft man gleichzeitig auf beiden Beinen. Die Füße stehen dabei parallel, die Zehenspitzen sind nach innen gedreht, die Knie weich. So ein bisschen in Hockstellung, mit leicht gebeugtem Rücken, so dass man nach unten blickt. Das ist alles. Einen ganzen Tanz lang. Nicht schwer, nur sehr merkwürdig. Ich komme mir dämlich dabei vor, in dieser komischen Hockstellung, mit einwärts gedrehten Fußspitzen.

»Was für ein sonderbarer Tanz«, sage ich danach.

»Weißt du, warum er Pardala Tsourapia heißt? Weil die Frauen dabei ihre *tsourapia* ansehen, wenn sie so hüpfen.« Denn dort, wo dieser Tanz herkommt, trugen die Frauen Kniestrümpfe, bunte Kniestrümpfe aus Wolle, und das ist auch die Übersetzung der Worte *pardala tsourapia*: bunte Strümpfe.

»Jetzt bin ich weg!«, sagt Vicky nach dem Hosentanz.

»*Patriotissa!*«, ruft Takis ihr anerkennend hinterher. Patriotin! Er selbst aber bleibt. Alle Übrigen bleiben. Keiner wagt mehr, aus Mikis' strengem Regiment auszubrechen. Er hat seine Truppe fest im Griff. Vielleicht wollen sie auch einfach nur nicht unhöflich sein und Mikis alleine lassen. Er braucht den Tanz offenbar gerade für sein seelisches Gleichgewicht. Carla und Nitsa ebenfalls.

Wir anderen tanzen nur zum Spaß. Aber wir bleiben trotzdem, aus Solidarität. Trotz Fußball.

»Jetzt gehen wir nach Kleinasien«, sagt Mikis.

»Die Musik klingt wie Kustorica«, sagt Markos.

»Wir gehen nach Karpathos«, sagt Mikis.

»Wir gehen nach Kreta.«

Und schließlich: »Jetzt gehen wir wieder weg von Kreta.«

»Wo gehen wir denn hin?«, witzelt Takis. »Tanzen wir jetzt draußen in der Garderobe? Oder gehen wir endlich Fußball gucken?«

»Sehr komisch«, stöhnt Mimi. »Immer diese blöden Witze. Welche Qualen muss ich erleiden!?« Sie ringt die Hände.

»Beim Fußball habt ihr jedenfalls gar nichts verpasst«, sagt Mikis, der nun an seinem iPhone fummelt. »Immer noch null zu null.«

Unten in der Taverne sitzt Vicky eingeklemmt zwischen rund zwanzig männlichen Griechen und starrt gebannt auf den kleinen Fernseher, der an der Decke installiert ist. Sie reckt mir ihre Faust entgegen. Der Daumen ist darin ganz fest eingeklemmt. »Ich drück uns die Daumen! Noch haben wir kein Tor kassiert!« Sie strahlt.

Die Männer hier kenne ich noch gar nicht, mit unserem Kurs haben sie nichts zu tun. Zwei junge Typen neben Vicky kichern gerade über die Weise, wie der Moderator die Namen der griechischen Spieler ausspricht: »›Karistehas‹, wen meint er denn damit!? So versteht man den Namen ja gar nicht.« Gemeint ist natürlich Charisteas, mit griechischem *Ch*: Das spricht man nämlich nicht als K, sondern eher so wie ein Katzenfauchen: Cccch!

»Ohh!«, ruft Vicky jetzt begeistert. »*Oreo takounaki!* Schönes Absätzchen!« Das verstehe ich jetzt wiederum nicht. Was haben Schuhabsätze auf dem Fußballfeld zu suchen?

»*Takounaki* heißt es, wenn man den Ball mit dem Innenrist des Fußes kickt«, erklärt mir Markos, der hinter mir steht und ebenfalls auf den Fernsehapparat starrt – es ist das erste Mal, seit ich den Kurs besuche, dass er nicht gleich nach Schluss der Stunde nach Hause geht. »So nennen das die Griechen.«

»Die anderen sind übrigens zum Italiener rüber und warten dort auf dich«, richtet er mir aus.

Vicky will noch hier weiterschauen, also mache ich mich alleine auf den Weg. An der Ecke ist ein italienisches Restaurant, aber das ist offenbar nicht gemeint, da sitzt gerade kein einziger Grieche.

Ein Stück weiter vorne sehe ich noch einen zweiten Italiener. Muss ich jetzt alle Italiener in der Nachbarschaft abklappern, oder soll ich schnell zurück und Vicky fragen, welches Lokal gemeint sein könnte?

Nein, nach ein paar Schritten höre ich »meine« Griechen schon. Man hört sie von draußen, allen Ernstes! Ich höre ein griechisches Wort, das keinen Zweifel lässt: »*Bäckenbaour!*«

Also Beckenbauer. Es geht um Fußball. Zumindest irgendwie.

»Nein, ich mag ihn nicht! Ich lehne ihn ab!«, tönt Mimi gerade. »Was der gemacht hat, gehört sich einfach nicht!«

»Was hat er dir denn getan?«, ruft Takis aus.

»Oder der Kann (Kahn)!«, sagt sie. »Einfach unmöglich!«

»Ich weiß nicht, was der Kann gemacht hat«, sagt Takis. »Solche Zeitschriften lese ich nicht.«

»Ich lese solche Zeitschriften auch nicht«, giftet Mimi. »Aber man weiß doch, was der getan hat: *Then sevete tin yineka tou*. Er war respektlos seiner Frau gegenüber. Ist zweigleisig gefahren. Unmöglich, so was. Unsympathisch!«

»Lass ihn doch«, sagt Takis. »Ist sein gutes Recht.«

»Ich finde, das ist eine Schande«, sagt Mimi.

»Dass er seine Frau verlassen hat? Das soll eine Schande sein?«, ereifert sich Mikis. »Nein, Gratulation dazu! Lass den Mann doch tun, was er will. Ist doch seine Sache.«

»Nicht, *dass* er sie verlassen hat, ist eine Schande. Aber *wie* er sie verlassen hat – das gehört sich nicht. Jemanden zu verlassen – gut, das ist eine Sache. Kann jedem passieren. Zum Beispiel mir. Vielleicht lerne ich jemanden kennen und sage: *Terma*, Endstation, Takis. Das war's mit uns. Aber es ist nicht *endaxi*, keine Achtung vor seiner Frau zu haben!«

»Du immer mit deiner Achtung«, sagt Takis.

»Nein, sie hat doch absolut recht«, sagt Panajota. »Wo sie recht hat, hat sie recht!«

Es ist also mal wieder sehr laut. Zu laut, um das Spiel auf dem kleinen Fernsehgerät am anderen Ende des italienischen Lokals verfolgen zu können. Aber ich sehe, wie Maradonna jubelnd die Arme hochreißt. Das war's jetzt wohl mit den Griechen und der Weltmeisterschaft!

Jetzt erscheint auch Vicky und sagt: »Mir tun richtig die Daumen weh, so habe ich gedrückt. Aber wir haben uns gut geschlagen. Erst ganz am Schluss kam das erste Tor. Und das gegen Argentinien!«

»Mir war klar, dass das nichts wird«, sagt Mikis. »Das wusste ich gleich, deswegen musste ich mir das Spiel gar nicht erst ansehen. Die haben einen ganz alten Fußball gespielt, das hat der Bäckenbaour auch gesagt.«

»Pfff, der Bäckenbaour!«, meint Mimi.

»Jetzt muss der alte Rähchagel nach Hause in Rente«, freut sich Mikis. »War auch Zeit! Der mit seinem alten Fußball.«

»Er hat aber gesagt: Moderner Fußball ist Fußball, der gewinnt«, sagt Vicky. »Und wir haben ihm einiges zu verdanken. Denk nur an die EM damals! Und ohne ihn hätten wir es auch jetzt nicht geschafft. So weit wie diesmal sind wir doch noch nie gekommen!«, bekundet sie.

»Egal, jetzt ist er weg, zum Teufel mit ihm, jetzt kommt ein jüngerer, Santos, ein Portugiese!«, sagt Mikis, der sich bezüglich des Fußballs besser auskennt, als ich dachte.

»Ich muss euch was erzählen«, sagt Vicky jetzt. »Etwas, was ich in einem Stadtmagazin gelesen habe, über den Kredit für Griechenland. Sie schreiben, der Deutschen Bank haben die Deutschen auch Kredite gegeben. Und was haben sie dafür bekommen? Nicht einen einzigen Obstler haben sie von der Deutschen Bank geschenkt bekommen!

Jetzt geben sie Griechenland Kredit. Doch wie viele Ouzo haben die Deutschen schon beim Griechen im Lokal geschenkt bekommen? Unzählige! Und wie viele Essenseinladungen, und dazu die schöne Sonne und das schöne Meer. Die Milliarden sind dadurch doch schon längst abbezahlt!«

Stavros verschluckt sich fast an seinem »Chellen« vor Lachen, Manolis vergisst sogar, der italienischen Kellnerin nachzublicken, und Mikis lacht Tränen und wischt noch lange mit den roten Papierservietten an seinen Augen herum: »Der war gut!«, sagt er. »Ja, das stimmt, die griechischen *ouzakia*, die Ouzolein, und unser *thalassoula*, unser Meerlein, sind die Milliarden wohl wert!«

»Nächste Woche bin ich nicht da, ich fahre nach Athen«, berichte ich Mikis, als wir gemeinsam mit Carla zur U-Bahn gehen.

»Dann kannst du ja vielleicht dort tanzen«, sagt Mikis.

Ja, wenn sich die Gelegenheit ergibt. Aber: »Mikis, die typischen Tänze kann ich noch gar nicht! Wir machen hier ja immer so spezielle Sachen.«

»Es gibt eigentlich nur drei Tänze, die alle kennen. Das sind die, die man in Griechenland auch den Kindern in der Schule beibringt: Kalamatiano, Tsamiko und Syrto. Syrto machst du schon die ganze Zeit. Das haben wir ganz oft getanzt, du kannst das! Syrto gibt es überall, nur immer ein bisschen anders, aber trotzdem das gleiche Grundprinzip. Und Tsamiko und Kalamatianos haben wir auch schon gemacht. Mach dir also keine Sorgen!«

»Kann sein, dass ich diese Tänze schon kann. Ich weiß nur nicht, welche es sind!«

»Das ist ganz normal! Wir machen so viele Tänze, und alle haben andere Namen und Variationen. Die anderen wissen auch nicht immer, was sie gerade tanzen.«

»Bei mir ist es aber schlimmer. Ich bin ja eigentlich immer noch Anfänger.«

»Andere Anfänger kommen bei uns gar nicht mit, und das ist auch das Problem mit unserem Kurs. Er ist eigentlich nichts für Anfänger. Deswegen stirbt unser Kurs langsam aus, wir werden immer weniger. Früher waren ja viel mehr Leute dabei. Aber es kommt keiner mehr nach.«

Ich bin nachgekommen. Und ich komme auch immer besser mit. Manchmal muss ich mich nicht mal mehr groß konzentrieren. Besonders heute gab es so einige Momente, da musste ich einfach nur der Musik lauschen, dann wusste ich schon, wann die kleinen Tippelschritte aufhören und ich zum Schlenker ausholen sollte. Wann Zeit war für den nächsten Schritt über Kreuz, oder einen kurzen Stopp, bevor weitergetrippelt wurde. Die Lösung liegt im Rhythmus, der Takt gibt die Schritte vor. Es fällt mir immer leichter.

Ich könnte jetzt natürlich behaupten, das liege an meiner griechischen Seele oder so. Aber ganz ehrlich gesagt, hat das damit wahrscheinlich gar nichts zu tun. Es liegt viel eher daran, dass ich meine ganze Kindheit über Ballettunterricht hatte. Da kommt man dann auch mit der vertrackten griechischen Folklore irgendwie zurecht.

»Und weil du schon so gut griechisch tanzen kannst, habe ich jetzt ein Geschenkchen für dich, *ena thoraki*«, grinst Mikis, der heute lange genug getanzt und deswegen wieder zu seiner üblichen guten Laune zurückgefunden hat.

Ein Geschenkchen?

»*Oriste, ta papoutsakia sou*, bitte schön, deine Schühchen!« Er zieht den Reißverschluss seines Rollkoffers auf, und heraus fällt: die Tüte mit meinen Turnschuhen! Die hatte ich im Tanzraum vergessen – und noch gar nicht vermisst.

»Und viel Spaß in Athen, *Stellaki mou*, mein Stellalein!«

Papoutsakia und andere Verniedlichungen – der griechische Diminutiv

*A*ls wäre die griechische Sprache nicht schon schwer genug, wird sie Kindern in Griechenland grundsätzlich in der Verzärtelungsform beigebracht, und die ist noch viel komplizierter auszusprechen: Babys bekommen nicht ihre Milch, *yala*, sondern Milchlein, *yalataki*. Die Milch trinken sie nicht nur einfach aus der Flasche, dem *boukali*, sondern aus dem *boukalaki*. Nicht die *Mama*, sondern die *Manoula*, das Mamalein, verabreicht sie. Wenn die Mädchen mit einer Puppe spielen, ist das nicht die *koukla*, sondern eine *kouklitza*, ein Püppchen. Und noch viel schwerer haben es die Jungs: Die müssen nicht nur das für Kleinkinder ohnehin schon kaum fehlerfrei artikulierbare Wort *aftokinito* für Auto lernen – sondern *aftokinitaki*, Autolein.

Meine Großmutter, die sich übrigens einfach nur *Yiayia* – statt *Yiayiaka*, Omalein – von uns nennen ließ, hat solche Verniedlichungen immer abgelehnt, deswegen haben ihre Kinder und Enkelkinder recht früh ordentlich griechisch sprechen gelernt: Sie fand, dass Kinder bei der ansonsten üblichen Babysprache verblöden. Als bestes Beispiel führte sie immer die Sache mit den *papoutsakia* an: Das ist die Verkleinerungsform für Schuhe, die normalerweise *papoutsia* heißen. Weil aber kein Kleinkind das Wortungetüm *papoutsakia* fehlerfrei aussprechen kann, wird bei Kindern daraus einfach *papakia*. Das aber wiederum bedeutet Entchen. Und weil alle kleinen Kinder Entchen zu ihren Schuhen sagen, nennen auch viele Eltern die Schuhe von kleinen Kindern grundsätzlich Entchen. »Und dann denken die Kinder allen Ernstes, dass Schuhe etwas mit Enten zu tun haben oder vielleicht sogar aus Enten hergestellt werden – was für ein Blödsinn!«, sagte meine Yiayia immer kopfschüttelnd.

Selbst als Erwachsene legen die Griechen dann ihre Vorliebe für Verzärtelungen nicht ab – gelernt ist gelernt. »Grundsätzlich neigen in südlichen Ländern eher die Frauen zum Diminutiv«, dozierte dazu einmal ein viel gereister und vielsprachiger Freund von mir: »Das kommt daher, dass sie die Kinder versorgen, mit denen sie in der Verkleinerungsform kommunizieren.« In Griechenland verwenden aber auch Männer Verzärtelungsformen: Sie fahren kein Motorrad, *michani*, sondern ein *michanaki*, oder trinken *biritza*, Bierchen, statt einfach nur *bira*, Bier. Sie sperren ihre Wohnung mit dem *klithiaki*, dem Schlüsselchen, auf und nicht einfach mit dem *klithi*, und Geld am Automaten holen sie mit der *kartoula*, nicht der *karta*, der Karte.

Dass die meisten Griechen sich fast ausnahmslos mit Namen ansprechen, die kindliche Abkürzungen ihres eigentlichen Namens sind, ist dabei noch gut nachvollziehbar: Es ist ja beispielsweise wesentlich einfacher, nach einer Matina statt einer Stamatina zu rufen. Manche der typischen griechischen Kurzformen sind dabei sogar Abkürzungen von Verzärtelungen: Liza kommt von Stelliza, der Verniedlichung von Stella, Voula kommt von Paraskevoula, der Verniedlichung von Pareskevi, und so weiter. Jota statt Panajota, Kiki statt Kiriaki, und außerdem noch Koula, Roula, Toula, Nia, Nitsa. Oder bei den Männern: Takis, Lakis, Panos, Nikos – und so weiter. Das ist auf jeden Fall praktisch.

Warum aber die griechischen Zyprioten im Gegensatz dazu jeden Vornamen ganz unpraktisch in seiner noch längeren Verniedlichungsform nennen und sogar schreiben, ist keinem Nicht-Zyprioten nachvollziehbar: Selbst im Rentenalter wird auf Zypern aus einem Georgakis kein Georgos und aus einem Jannakis kein Jannis mehr.

Um die Sache mit den Verniedlichungen in Griechenland besonders kompliziert zu machen, werden die Diminutive in diversen Nuancen benützt, die Sachverhalte in einem ganz speziellen Licht erscheinen lassen: Ist die Freundin eines Mannes etwa eine *filenathitsa*, dann ist jedem klar, um was für eine Art Verhältnis es sich da handelt. Eine *filenathitsa* ist nur eine »kleine« Freundin, und die Beziehung zu ihr ist ziemlich unernst und sogar ein bisschen verrucht – ganz im Gegensatz zu der Beziehung mit der *filenatha* oder *fili*, die man auch seinen Eltern vorstellen würde.

Ach, und dann gibt es ja auch noch die berüchtigten *fakelakia*, ohne die in Griechenland angeblich gar nichts geht: Die Briefumschläge mit Geld, mit denen man Krankenhausärzte oder Beamte besticht, und die seit der Staatskrise weltberühmt sind. Natürlich kennt man sie nur in der Verniedlichungsform. Kuvert heiß nämlich einfach *fakelo*. In *fakelakia* aber klingt noch eine Portion Zynismus mit, das hat so einen gewissen Beigeschmack – auch das beherrscht die griechische Verniedlichungsform.

In den meisten Fällen ist der Diminutiv aber ganz neutral und manchmal sogar besonders höflich gemeint: etwa beim Shoppen. Höfliche griechische Verkäuferinnen preisen ihre

Waren fast ausschließlich in der Verniedlichungsform an, egal ob es sich um *stafilakia* (Träubchen) am Obststand, um *kouvertoules* (Bettdeckchen) beim Innenausstatter oder *skoularikakia* (Ohrringchen) im Schmuckgeschäft handelt. Ich als Halbgriechin muss mir dabei immer ein wenig das Lachen verkneifen.

Einmal besuchte ich mit meiner Cousine Anna in einer Einkaufspassage in Piräus ein Wäschegeschäft, um Strümpfe zu kaufen. Gleichzeitig mit uns betrat ein junges Mädchen den Laden. Sehr jungen Mädchen ist der Besuch von Wäschegeschäften ja meistens ein bisschen peinlich, in diesem Fall handelte es sich auch noch um ein recht weiblich gebautes junges Mädchen mit einer ausgesprochen üppigen Oberweite. Das machte die Sache nicht leichter.

»Ich suche nach einem *soutjen*, einem Büstenhalter«, sagte sie tapfer, und im selben Moment bildeten sich rosarote Flecken auf ihren Wangen.

Die Verkäuferin erfasste die Situation sofort und beschloss wohl, sie mit selbstverständlicher Fröhlichkeit aufzulockern: »*Ena soutjenaki, malista*, ein Büstenhalterchen, selbstverständlich«, zwitscherte sie routiniert in den Raum. »Was ist denn Ihr *mejethosiaki*, Ihr Größchen? Und in welchem *chromataki*, in welchem Färbchen, wollen sie das *soutjenaki*?«

Die junge Kundin war dann schon bei der Anprobe in der Kabine, da stellte die Verkäuferin sich wieder dazu: »Ich habe hier auch noch welche mit *skediakia*, mit Musterchen.«

»*Skediakia*?!«, tönte es dumpf hinter dem Vorhang. »Was für *skediakia*?!« Es klang ein bisschen entsetzt.

»Na, hier wäre was mit *kardoules*, Herzchen, dann mit *kerassakia*, Kirschchen, und mit *fjongakia*, Schleifchen. Ach, und ich glaube, hinten im Lager habe ich noch was mit *yatakia*, Kätzchen, in Ihrem Größchen!«

»Aber warum lieben die Griechen ihre infantilen Verniedlichungen so sehr und benutzen sie bis ins hohe Alter?«, will ich von meinem Onkel Michalis wissen, den ich grundsätzlich konsultiere, wenn griechische Eigenarten mir rätselhaft sind.

»Warum, warum – keine Ahnung! Mich nervt es ja auch«, sagt der Onkel. »Aber warum zerbrichst du dir darüber überhaupt den Kopf? Gibt es keine größeren Probleme auf der Welt?«

Doch, gibt es. Und der Hang der Griechen zu Verniedlichungen ist ja eigentlich kein Problem, nicht mal ein *provlimataki*: kein Problemchen.

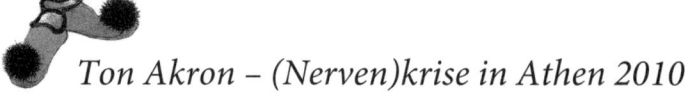

Ton Akron – (Nerven)krise in Athen 2010

Der Bus vom Eleftherios-Venizelos-Flughafen in Athen zum Hafen von Piräus heißt »Airport-Express«, tatsächlich aber handelt es sich dabei um einen Bummelbus, der eine Ewigkeit durch Athener Industriegebiete zuckelt. Schon in der ersten Kurve kippen alle Gepäckstücke um und türmen sich in den Durchgängen zu unüberwindlichen Hindernissen auf.

Neben mir brüllt ein griechischer Familienvater über sein Handy dem *Pappous*, dem Opa, den er spätestens in einer Stunde wieder sehen wird, einen Reisebericht von England entgegen – und mir dabei voll ins Ohr. »Die Chailands, die Highlands, waren *iperochi*, großartig!« Auch vor mir und hinter mir wird telefoniert, und zwar pausenlos. Ich komme mir vor wie in einem mobilen Call-Center. Die Griechen sind *ton akron*, sagt mein Onkel immer. Das bedeutet: Sie betreiben alle Dinge extrem. In diesem Fall: Handy-Extremismus.

Ganz still klammern sich dagegen die ausländischen Businsassen an die Haltegriffe und mustern erschrocken die Lagerhallen und Industriegebäude, an denen wir vorbeifahren, sowie das Gepäck-Chaos im Bus. Vielleicht ist es aber auch so, dass sie zu sehr frieren, um sich über ihre Ankunft zu freuen: Die Klimaanlage ist, ebenfalls *ton akron*, auf Schockstarre gestellt, und weil das attische Licht heute pausiert – der Himmel ist dunstüberzogen –, könnte man hier drinnen meinen, man wäre in den Winter gereist. Dabei herrschen draußen rund dreißig Grad.

Ich selbst bin noch nicht richtig akklimatisiert und finde die Dauerquasselei, die herumrutschenden Koffer, die Kälte anstrengend. Außerdem frage ich mich, wie ich es schaffen soll, an der richtigen Station auszusteigen. Die elektrische Anzeigentafel im Bus, die eigentlich die Stationen anzeigen sollte, ist defekt, statt Straßennamen zeigt das Display nur Buchstabensalat. Ich würde gern einen der Mitinsassen fragen. Aber die telefonieren ja. Darum verpasse ich die günstigste Haltestelle und fahre viel zu weit, fast bis hinunter zum Hafen von Piräus.

Manchmal nervt Griechenland. Aber vielleicht habe ich nur selbst zu viel telefoniert, und das nervt besonders.

Meine ersten Anrufe bei der Verwandtschaft fanden vor zwei Wochen statt, als ich meinen Besuch ankündigte. Ich wollte endlich mal wieder Zeit mit dem griechischen Teil der Familie verbringen und meine Sehnsucht nach Athen stillen. In den letzten Jahren tue ich das immer nur kurz nach meinem Sommerurlaub auf den griechischen Inseln. Weil meine Kinder und mein Mann sagen, in Athen ginge ihre ganze Urlaubserholung flöten, gönnen sie mir für diese Besuche immer nur einen oder zwei Tage.

»Dann fliege ich eben mal ohne euch nach Athen!«, trotze ich nun schon seit Jahren. Aus »mal« wurde ein ganz spontan gebuchter Billigflug, als es gerade so aussah, als ob etwas Zeit dazu frei wäre. Dann werde ich unerwartet doch noch mit Arbeit zugeballert, darum fallen die Reisevorbereitungen (noch) knapper aus als geplant: Ich packe hektisch kurz vor Abfahrt zum Flughafen und tippe dort noch wild in den Laptop. Und ich hänge ständig an der Strippe.

»Ruf an, bevor du losfliegst«, sagt meine Cousine Anna.

»Meld dich noch mal, wenn der Flieger landet«, sagt ihr Mann.

»Ruf durch, wenn du im Bus sitzt«, sagt der Onkel.

Ins Haus meiner verstorbenen Großeltern fahre ich nicht – ich habe ein wenig Angst, ich könnte dort melancholisch werden, so ganz allein. Darum habe ich ein Hotelzimmer gebucht, ein von griechischen Bekannten wärmstens empfohlenes Haus mit spektakulärem Dachgarten. Die Zimmer allerdings kannte wohl keiner von ihnen. Sie sind ziemlich abgewohnt. Außerdem gibt es nicht mal Internetanschluss in den Zimmern, dabei wollte ich doch zwischendrin ein wenig arbeiten.

Also telefoniere ich. Alle freuen sich total, dass ich da bin. Nur treffen will sich keiner mit mir. »Ruh dich erstmal aus!«, sagt der Onkel. »Entspann dich!«, sagt Anna. »Morgen früh telefonieren wir dann noch mal.« Morgen früh?

Langsam mache ich mir Sorgen. Vielleicht sind sie sauer, weil ich im Hotel wohne und nicht bei ihnen? Vielleicht habe ich damit eine typisch griechische *parexigisis*, ein Missverständnis, ausgelöst?

Nein, es ist nur mal wieder die typisch griechische Höflichkeit.

Anruf bei Onkel Michalis: »So, nun habe ich geduscht, jetzt bin ich völlig ausgeruht. Darum komme ich jetzt gleich mal bei dir vorbei.«

»Willst du dir das wirklich zumuten – du bist doch sicher *exantlimeni*, erschöpft von der Reise?«

Quatsch. Ich bin nur total erschöpft von der ständigen Telefoniererei mit euch. Das sage ich nicht, sondern: »Ach was!«

»Du bist nicht total kaputt?«

»Überhaupt nicht!«

»Ach so – dann komm! Da freu ich mich, ich habe sowieso nichts zu tun und langweile mich.«

Ich bin schon fast aus der Tür, da läutet wieder das Handy. Cousine Anna ist dran: »Was, du triffst dich heute schon mit meinem Vater? Aber du musst doch völlig erschöpft sein von der Reise!«

»Kinder, es war doch keine Weltreise! Im Gegenteil, ich habe mich richtig gut dabei erholt.«

»Und du bist kein bisschen müde?«

»Null! Ganz ehrlich!«

»Das konnte ich ja nicht ahnen! Ich wollte mich ja nicht aufdrängen, wo du doch gerade erst vom Flieger kommst. Und jetzt habe ich einen Termin vereinbart. Aber dann komme ich vielleicht einfach nach.«

»Prima, ich freue mich!«

»Oder ist euch das nicht recht? Wollt ihr vielleicht erstmal allein plaudern? Vielleicht habt ihr ja was zu besprechen? Ich will euch natürlich nicht stören!«

Langsam fühle ich mich wirklich *exantlimeni*: Die griechische Höflichkeit ist für pragmatische Nordländerinnen wie mich manchmal ganz schön anstrengend. Nordländerinnen?

Im Moment bin ich das ganz und gar. Die rosarote Griechenlandbrille habe ich in der Hektik diesmal offenbar irgendwo vergessen.

Eine halbe Ewigkeit warte ich an der Trolley-Haltestelle und lasse den Blick schweifen, auf die berühmte weiße Stadt. Eigentlich ein echter Euphemismus. Früher war die Stadt bunt, aber hübscher: Die Uferstraße war gesäumt von hübschen klassizistischen Häusern und Villen, die zumeist pastellfarben getüncht waren. In den Sechzigerjahren wurden sie aber fast ausnahmslos abgerissen und durch mehrstöckige, weiße Häuserblocks ersetzt. Im Anflug glitzern sie von oben weiß und bilden einen Kontrast zum Blau des Meeres.

An der Trolley-Haltestelle im Viertel Castella ragen aber unübersehbar gelbliche und gräuliche Häuserexemplare wie faulige Zähne in den Abendhimmel. Der Anblick kommt mir deprimierend vor! Außerdem jaulen die Motoren der Autos und Mopeds, als wären die schmalen Straßen Rennstrecken der Formel 1. Das strapaziert meine Nerven. Die rasen hier wieder mal mit hundert Sachen durch die Stadt! Was treibt eigentlich die Verkehrspolizei den ganzen Tag in diesem Land?! Und wann kommt endlich mal der Bus?

Oh ja, Griechenland nervt manchmal!

Zum gemeinsamen Abendessen ist es dann nicht gekommen. Auch aus reiner Höflichkeit! Der Onkel wagte nämlich nicht, das Haus zu verlassen.

»Wenn Anna kommt und vor verschlossener Tür steht, ist sie vielleicht gekränkt!«

»Aber Onkel, sie hat doch ein Handy! Wir rufen sie einfach an, wenn wir im Restaurant sind.«

»Aber sie ist doch auf einem beruflichen Termin. Da können wir nicht stören!«

»Sie ruft sicher durch, wenn sie uns hier nicht vorfindet.«

Wir könnten ihr auch eine SMS schreiben. Ich kann aber nicht griechisch schreiben. Und der Onkel weiß nicht, wie SMS geht. Darum will er lieber zu Hause bleiben und abwarten. Wir könnten doch einfach einen Bestellservice anrufen. Und er selbst hätte ohnehin keinen Hunger. Es ist übrigens überhaupt so, dass die modernen Griechen offenbar fast täglich einen Bestellservice anrufen. »Wer kocht heute schon noch selbst?!«, meint Onkel Michalis.

Ich mag aber nichts vom Bestellservice, und die griechische Höflichkeit ist mir im Moment ganz wurst. Darum gehe ich einfach schnell allein zum Pasalimani und esse in einem Imbiss *Pitasouvlakia* und Salat. Das gehört sich natürlich mit Sicherheit in Griechenland nicht, aber ich weiß: Mir als deutscher Verwandter werden kleine Fauxpas sowieso verziehen.

Onkel Michalis erwartet mich danach vor laufendem Fernseher, denn wir wollen zusammen Fußball schauen: WM 2010, heute spielt Deutschland gegen die Spanier – der Onkel ist für die Deutschen. Zum Fußball serviert er Amstel-Bier aus Büchsen und eine große Schale frischer Kirschen auf Eis. Obst genießt man hier gern bei einer Temperatur, dass die Zähne schmerzen.

Anna schafft es nicht, in der Zwischenzeit hat sie angerufen. Und dem Onkel Vorwürfe gemacht: »Du kannst meine Cousine doch nicht einfach allein zum Essen schicken. *Tha parexigithi i kopela,* das Mädchen wird gekränkt sein.«

»Ich bin nie beleidigt!«, sage ich.

Da lächelt der Onkel schlau. »Das habe ich ihr auch gesagt. Ich kenne dich doch!«

Die deutsche Mannschaft findet der Onkel großartig: »Der Trainer gefällt mir auch. Ein guter Typ!«

»Ein schönes *takounaki* von Lamm (Lahm)«, höre ich den Moderator. »Heute bekommen wir sicher noch viele schöne *takounakia* zu sehen.« Trotzdem verlieren wir. Was soll's, sagt Onkel Michalis. Immerhin gab es eine Menge schöner *takounakia*! Was will man mehr?!

Auf dem Heimweg mache ich an einem *periptero*, an einem Kiosk, halt, um eine Flasche kaltes Wasser zu kaufen. Pflichtbewusst drückt mir der alte Herr in dem Kabuff eine Quittung in die Hand.

»Ahhh, die Quittungen«, sage ich. »Die bekommt man jetzt bei jedem Einkauf, stimmt's?«

»Ja, dazu sind wir jetzt verpflichtet. Aber das ist ja nicht mal das Schlimmste!«

»Was ist denn das Schlimmste?«

»Die Steuererhöhungen bei den Zigaretten. Früher haben wir pro Stange an einer Schachtel verdient. Nun verdienen wir pro Stange nur noch an fünf Zigaretten!«

Dann folgt ein großes Lamento darüber, wie hart die Zeiten sind. Alles nur, weil »die da oben« alles vermasselt haben. Und nun müssen »wir da unten«, nämlich unter anderem der Kioskbesitzer, das ausbaden. »Aber sehe ich aus, als würde ich zu viel Geld verdienen? Sehe ich aus, als könnte ich dieses Land retten?«

Nein, so sieht er nicht aus. Etwas abgerissen sieht er aus, und ziemlich müde, denn: »Ich stehe schon seit morgens um acht im Laden!« Jetzt aber ist es schon ein Uhr nachts.

»Dann fährt ja gar kein Trolley-Bus mehr!«, fällt mir ein.

Nein. Und morgen auch nicht. Morgen ist nämlich Generalstreik.

Auch das noch! Streik in Griechenland habe ich schon einmal erlebt (dazu später). Ein Taxi ist auch mal wieder weit und breit keines zu sehen. Ich muss zu Fuß gehen.

Ich gehe die Uferpromenade entlang, der Weg ist beschwerlich: Alle fünfzig Meter muss ich die Straßenseite wechseln, denn dann ist der Bürgersteig zugeparkt. Schon wieder geht's nicht durch. Ich laufe über die Straße, rüber zu einer dunklen

Tankstelle. Und dann falle ich urplötzlich über ein unsichtbares Hindernis und lege mich auf die Steinplatten. Voll auf das schmutzige Trottoir! Das hier auch noch Ölflecken zieren!

Die Zufahrt der Tanke war nämlich versperrt, mit einer in der Nacht kaum sichtbaren Kette, die nun im Dunkeln leise schwingt – eine griechische Stolperfalle.

»Zum Teufel mit Griechenland!«, entfährt es mir.

Da werde ich plötzlich hochgezerrt und abgeklopft, von vier jungen Mädchen. »*Apapapapa!*«, sagen sie, was so viel wie »Du liebe Güte!« heißt. Und »*The mou!*«, das bedeutet: »Mein Gott!« Und »*Ola endaxi?*« Ja, *ola endaxi*, alles okay, nichts gebrochen, nur etwas aufgeschürft.

»Das ist mir hier auch schon fast passiert«, sagt die Eine, die Nächste kramt ein Papiertaschentuch aus ihrer Minihandtasche, die Dritte hat sogar ein Pflaster.

Dann ziehen wir gemeinsam weiter – die Mädchen auf ihren Stöckelschuhen mit flinken Füßen und schwingenden kleinen Täschchen, ich ganz vorsichtig hinterher.

Es ist spät. Aber das ist ganz egal. Es ist Ferienzeit hier, es ist ja Anfang Juli. Und morgen ist sowieso Streik. Die halbe Stadt scheint noch auf den Beinen zu sein. Aus vorbeirasenden Autos schallt laute Musik. Auf den Bänken sitzen junge Pärchen, Arm in Arm. Und alte Herren, in Gespräche vertieft.

»*Ti kanete, koritsia*, wie geht's, Mädels?«, sagt ein alter Herr, den wir passieren.

»*Thavma*, wunderbar«, sagen die Mädchen, »Jetzt gehen wir noch runter zum Mikrolimano und trinken was auf den Schrecken.« Ich soll unbedingt mit.

Das schaffe ich heute nicht mehr, aber zu einer Zigarettenpause sage ich: »Ausnahmsweise, na gut.«

Wir sitzen auf einer Steinbrüstung und blasen den Rauch

in die warme Abendluft. Da hören wir es: ein herzzerreißendes Miauen. Ein Kätzchen! Bloß wo?

»Das ist bestimmt noch ein Baby«, sagt eine.

»Sicher hat es furchtbar Hunger!«

»Wir müssen es retten!« Heute Nacht retten sie, was ihnen in die Quere kommt.

Eine inspiziert die dunklen Ecken, eine stemmt sogar einen stinkenden Müllcontainer auf und beugt sich tief hinein. Nichts!

»Es ist bestimmt unter einem Auto!«

Drei Mädchen hocken auf dem Bürgersteig und schauen unter die parkenden Autos. Eine hockt auf der Straße und schaut von dort. Schnell ziehe ich sie weg, denn ein teuflisch rasendes Motorrad naht. Sie lacht und sagt: »Nun hast du mich gerettet.«

Dann lasse ich die Mädchen bei ihrer Suche nach dem Kätzchen zurück und verkrümele mich leise in mein Hotel. »Pstpstpst«, höre ich sie auf meinem Weg noch locken. »*Pou ise, yatoula mou*, wo bist du, mein Kätzchen?«

Jetzt bin ich wirklich *exantlimeni*, es ist ja auch schon zwei. Genervt bin ich nicht mehr. Die Mädchen haben auch meine Laune gerettet.

Ich werde von einem Geräusch geweckt und weiß sofort, wo ich bin: Es ist das typische Piräus-Geräusch. Ich rufe meinen Mann an, halte das Handy auf den Balkon und sage: »Was hörst du?«

»Presslufthämmer. Wieso?«

Genau! Früher Morgen in Piräus, das heißt immer: Presslufthämmer! Dazu riecht es intensiv nach Abgasen, das ist so typisch wie der Baustellenlärm. Früher dachte ich immer, das liege an den vielen Autos, mittlerweile weiß ich, dass es sich bei den Fabriken, die in den Ausläufern der Stadt und auf der nahen Insel Salamina angesiedelt sind, um petrochemische Industrie handelt.

»Und es stinkt mal wieder total nach Benzin und Abgasen!«, rufe ich durch den Lärm ins Handy.

»Du Ärmste!«, meint mein Mann.

»Gar nicht«, finde ich. Ich mag es. Ich bin angekommen! Endlich freue ich mich, hier zu sein. Von meinem Balkon aus kann ich das Meer sehen.

Eine Stunde später treffe ich mich mit Onkel Michalis zum Baden am Paraskevas. Paraskevas, das war früher ein Strandbad mit Umkleidekabinen, Sonnenschirmen, Duschen.

Heute gibt es das Strandbad nicht mehr. Der Strand selbst aber ist noch da. Der Großteil des Sandes ist zwar mit dem übrigen Strandbad-Ambiente verschwunden, vielleicht war er irgendwann aufgebraucht. Jetzt säumen Steine und trockene Erde einen schmalen Sandstreifen, den Strandgut verunziert: Algen und etwas Müll. Das hält aber niemanden ab, baden zu gehen. Es ist ziemlich überfüllt. Das Wasser jedenfalls sieht okay aus.

Ich bin aber noch nicht ganz am Ziel, ich muss weiter. Jenseits des kleinen, überdachten Cafés, jenseits der kleinen Felsen, gegenüber einer vorgelagerten Insel soll ich den Onkel treffen: Das ist sein Spezial-Badeplatz.

Onkel Michalis patrouilliert bereits auf und ab und sucht die sauberste Ecke, ich sehe ihn von weitem, er trägt eine Baseballkappe und Gummisandalen, seine typische Bademontur. Er ist schon über siebzig jetzt, aber er geht wie früher, als er noch jung war: unglaublich lässig, mit schlenkernden

Beinen. Nie in Eile, immer cool. Als gehöre ihm der Strand, nein – die ganze Stadt. Ich sehe ihn, und mir wird ganz warm ums Herz.

Zahnarzt war mein Onkel, als er noch nicht in Pension war. Er hätte auch Archäologe sein können oder Forscher, vielleicht Privatgelehrter. Aber niemals Dienstleister, Kellner oder Hotelier oder Angestellter in einem Großkonzern: Michalis ist sein eigener Herr und hat einen natürlichen Stolz, wie ein König. Wäre er allerdings tatsächlich Regent gewesen – er hätte abgedankt: Als Verehrer der alten Griechen ist mein Onkel ein eingefleischter Demokrat.

Als ich näher komme, erkenne ich, dass die Lachfältchen in seinem Gesicht doch etwas tiefer geworden sind – das war mir gestern Abend gar nicht aufgefallen. Doch sein Lächeln, das eine charmante kleine Lücke zwischen den Schneidezähnen entblößt, ist spitzbübisch wie eh und je.

Er packt seine Badetasche aus. Neben Bastmatte und Handtuch kommt seine Thermoskanne zum Vorschein, die gute, alte. Die hat mit ihm schon Deutschland, England, Schweden, Frankreich und Ägypten bereist und war auf allen Ausflügen dabei. Sie ist aus hellgrünem Styropor, geformt wie ein Fußball und eigentlich ziemlich unhandlich, fasst aber immerhin zwei Liter Eiswasser. Ohne seine zwei Liter Eiswasser im Gepäck geht der Onkel nicht auf Tour, nicht mal die paar Kilometer zum Paraskevas. Und natürlich ist auch seine Pilotenbrille dabei, hochmodern sieht er damit aus – tatsächlich trägt er das gleiche Modell aber schon seit den Sechzigerjahren.

Wir sind, bis auf einen Alten, der vor uns unter einem Strohhut im Wasser dümpelt, ganz allein hier. Der Lärm von der Straße ist nur ein leises Rauschen, die Stimmen der Badenden weiter vorne verwehen im Wind. Es ist geradezu idyllisch. Es gibt sogar zwei kleine Fischerboote. Fische gibt es allerdings nicht mehr, sagt mein Onkel. »Das ist wahrscheinlich einfach ein Hobby von den Leuten, mit dem Boot rauszufahren. Nur so zum Spaß. Satt wird man davon sicher nicht.«

Michalis geht mit Kappe und Latschen ins Wasser. Wir dümpeln, wie der Alte. Dann schwimmen wir zu der kleinen Insel. Unter uns sind dunkle, algenbewachsene Felsen. Wir plaudern. Über die alten Griechen, die dem Inselchen seinen Namen gaben: *Wasserkreis*. Ist doch ein wunderbarer Name, sagt der Onkel. Wie poetisch sie doch waren, die alten Griechen, sagt der Onkel. Einzigartig einfach.

Dann stoße ich mir den Fuß an einem Felsen und blute ein bisschen. Ich habe ja keine Badelatschen an.

»Jetzt kommen sicher die Haie aus dem Hafen und fressen mich auf.« Ich mache nur einen Scherz, klar. Ein bisschen Angst habe ich aber tatsächlich. Ich habe immer Angst, wenn ich in Piräus bade. Denn natürlich gibt es hier Haie, Mama hat das immer wieder erzählt.

Ursprünglich kamen in der Ägäis nur harmlose Katzenhaie vor, armlange Verwandte der Schrecken erregenden großen Haie. Doch angelockt von den Schiffsabfällen folgten große, mörderische Exemplare den Schiffen in den Hafen. Schon vor Generationen. Jetzt leben sie hier, sagt Mama. Und einmal, in Mamas Kindheit, wurde sogar jemand in Piräus beim Baden von einem Hai zerfetzt. Zwar nicht bei Paraskevas, sondern in der Mole von Drapezona, wo Mamas Elternhaus heute noch steht. Auch nicht in diesem Jahrhundert, sondern als Mama klein war, irgendwann in den Vierzigerjahren des vergangenen Jahrhunderts. Aber trotzdem!

Dungdungdungdungdungdung, mache ich das typische Geräusch aus dem Film *Der weiße Hai* nach. Doch Onkel Michalis

lacht nur und sagt: »Hier gibt es keine Haie. Haie mögen saube-
res Wasser. Bei dem Wasser hier hauen alle Haie ab.«

»Aber ich dachte, das Wasser ist jetzt sauber hier. Es hat
doch angeblich sogar die Blaue Flagge.«

»Aber doch nicht hier, so nah am Hafen!«, sagt Michalis,
und weil ich mich jetzt etwas zweifelnd umsehe, fügt er hinzu:
»So schlecht ist es nicht. Ich bade hier jeden Sommer, fast jeden Tag. Eine Menge Leute baden hier, das siehst du ja. Und
es hat noch keinem geschadet.«

»Und es ist auch niemand mehr gefressen worden von den
Haien?«

»Nun hör schon auf, du bist ja schon wie deine Mutter. Die
hat auch immer Angst vor Haien. Aber trotzdem badet sie seit
über siebzig Jahren hier.« Das stimmt, und das tut sie sogar
richtig gern, wenn sie in Piräus ist: Mama liebt es, bei Paraskevas zu baden: »Piräus ohne Baden bei Paraskevas – das ist
nix«, sagt Mama immer.

Wir dümpeln weiter und betrachten die Aussicht: ein paar
alte, einst stattliche Ruinen. Es gibt auch ein paar neuere Gebäude, von hier unten sehen sie aber auch etwas ungepflegt
aus: beschmiert mit Graffiti. »Da baut man sich ein neues
Haus und verwendet teure Natursteine – und dann kommen
diese Schmierfinken und malen alles voll!!« Michalis regt das
auf, als wäre das Haus vor uns sein eigenes.

»Ach, das gibt's doch überall!«, beschwichtige ich.

»Bei euch in München habe ich das aber noch nie so gesehen.«

»Vielleicht machen sie es häufiger weg. Oder sie erwischen
die Leute öfter.«

»Erwischen?«, sagt der Onkel. »Was bringt schon erwischen?«

»Na, den Sprayern bringt es jedenfalls eine Strafanzeige. Und eventuell eine Vorstrafe.«

»Du willst mir nicht sagen, dass die Deutschen Sprayer bestrafen?!?«

»Natürlich – wenn sie sie erwischen. Das gilt als Sachbeschädigung. Und die wird natürlich bestraft.«

Der Onkel freut sich: »Das machen die Deutschen ganz richtig! Sehr gut! Hier gibt's keine Strafen. Hier gibt's Talkshows, wo stundenlang darüber gestritten wird. Die einen sagen: Frechheit, was schmiert ihr mir das Haus voll. Aber die anderen sagen: Die Jugend muss sich doch frei entfalten können! Freie Entfaltung, pah! Das sind doch nur Schmierereien! Wer das hier ausspricht, der gilt allerdings gleich als spießig und von gestern!« Und er regt sich noch lange auf.

Erst nach dem Bad fällt mir wieder ein, dass heute gestreikt wird. Oje! Ich habe nämlich schon einmal einen Streik in Athen und Piräus erlebt, damals streikten die öffentlichen Verkehrsbetriebe. Aber es gab Notlinien. Das war das größte Problem.

Damals hatte ich mich mit der Familie im alten Haus der Großeltern einquartiert. Wir wollten in die Innenstadt, und vom Streik hatten wir nichts gewusst. Der Trolley-Bus Nummer zwanzig war fast leer, als wir ihn in Drapezona bestiegen, gleich an der zweiten Station nach der Endstation. Wir waren arglos und naiv.

Am Pasalimani war der Bus dann so rappelvoll, dass wir nicht mehr rauskamen. Einmal verhakte sich der Buggy – meine damals noch kleine Tochter saß darin – im Innenraum und blockierte den Ausgang. Einmal wurde mein Sohn, der damals noch Grundschüler war, beim Versuch auszusteigen, fast zerquetscht. Und beinahe hätten wir meinen Mann verloren, als er einer gebrechlichen Dame nach draußen half – aber dann sprang er doch noch ganz schnell zurück zu uns in den Bus.

Schließlich fuhren wir unfreiwillig bis zur Endstation Neo Faliro und brüllten dort in der Bullenhitze eine Stunde lang vergeblich den Taxis hinterher. Zu viert und mit Buggy hatten wir so gut wie keine Chance, denn für die Taxler war es der große Tag des Abkassierens. Sie luden immer gleich vier einzelne Fahrgäste ein – und ließen sich von jedem bezahlen. Wir aber wären ein echtes Minusgeschäft gewesen, und wenn nicht irgendwann ein älterer Herr in einem gebrechlichen Ford ein Herz gehabt und uns mitgenommen hätte – wir hätten in Neo Faliro übernachten müssen.

Jetzt gehen der Onkel und ich zu Fuß zum Pasalimani und versuchen gar nicht erst, ein Taxi zu bekommen – und alles ist ganz anders. Beim Generalstreik sind nämlich nicht einmal Notbusse in Aktion. Die Ämter sind geschlossen, viele Banken auch, und wer oben in Athen arbeitet, hat wenig Chancen, heute überhaupt am Arbeitsplatz zu erscheinen.

Der Verkehr ist zwar turbulent wie immer, doch ansonsten ist Piräus entstresst. Es herrschen Ferienstimmung, Freizeitlaune und (fast) keine Hetze.

Nun wird flaniert. Als wäre man auf einer Urlaubsinsel. Die Hotpants der jungen Mädchen sind nun noch kürzer als gestern Abend, es sind überhaupt die kürzesten kurzen Hosen, die ich je in einer Innenstadt gesehen habe, und die braunsten Beine. Die langen Mädchenmähnen sind heute außerdem besonders sorgfältig geglättet, das Make-up extradick aufgetragen: Viele Frauen sehen aus, als wären sie einer griechischen

Soap-Opera entstiegen, und in denen sehen alle aus wie Barbie. Und oft genauso blond!

Viele halten außerdem einen Kaffeebecher in der Hand: mit gewölbtem, durchsichtigen Plastikdeckel darauf, damit vom Frappé, dem heißgeliebten eiskalten Kaffee, auch die Schaumkrone hineinpasst!

Onkel muss nun nach Hause, er ist ein wenig *exantlimenos*, erschöpft, vom Bad, und ich sitze im Café und gucke den Damen auf die Zehennägel. Im letzten Jahr waren Töne von Neonrosa bis Neonorange en vogue, und fast jede Großstadt-Griechin zwischen vierzehn und vierundsiebzig trug sie am Fuß. Trends sind in Griechenland nicht nur eine Empfehlung, sondern ein Muss.

Diese Saison ist vielfältiger: Ich sehe winzige Blätterranken, ich sehe geometrische Figuren, applizierte Glitzersteinchen, Blüten, Paisleys, Phantasieschnörkel, Katzenköpfchen, Herzchen, und sogar die griechische Flagge: blau-weiß! Wenn es demnächst heißt, Nagelstudios sind der Hauptwirtschaftsfaktor in Griechenland – ich glaube das glatt! Besonders, weil sich die Pediküre hier wirklich lohnt: Schließlich herrscht hier acht Monate pro Jahr Sandalenwetter!

Ich gehe shoppen. Sandalen natürlich! Es gibt Sandalen in jeder Fasson, in jeder Ecke, aberhunderte wunderhübsche Sandalen zu erschwinglichen Preisen – es ist das Sandalen-Paradies!

Es ist auch das Bikini-Paradies, das Trägerkleidchen- und Tunika-Paradies, aber es ist kein Kinderparadies. Ich brauche zwanzig Minuten für meine eigenen Einkäufe im Sommer-Shoppinghimmel von Piräus, doch für meine Tochter hetze ich noch zwei Stunden erfolglos durch die Läden. Nicht, dass es keine Kindersachen gäbe. Es gibt Kindersachen en masse. Aber nichts für deutsche Siebenjährige. Zumindest nichts, mit dem sie sich zu Hause nicht bis auf die Knochen blamieren würden: Nichts ohne Quietschrosa mit Glitzer und Feen-Applikation.

»Haben sie denn keinen Kinderbadeanzug ohne Disney-Aufdruck?«

»Ohne Disney? Ja, wir haben Hello Kitty!«

»Und ohne Kitty? Einfach ohne alles?«

»Ein Badeanzug ohne alles? Für ein Kind?!«

Nein, das gibt's nicht. Denn das wären *megalistika roucha*.

Megalistika roucha sind Anziehsachen, in denen kleine Mädchen aussehen, als wären sie bereits älter. Beziehungsweise Klamotten, mit denen Teenies aussehen wie Twens. Das mag man hier nicht so. Sprich: Die Mütter mögen es nicht. Denn wenn ihre Töchter schon wie Große aussehen, wirken die Mamas älter, finden sie. Geht gar nicht!

Das war früher schon so: »Maria, warum lässt du deine Tochter so rumlaufen!«, hieß es empört, weil ich mit vierzehn Jahren enge Jeans und Schuhe mit ein bisschen Absatz trug, und nicht kreuzbrave Blumenkleidchen zu plumpen Kinderschuhen. »*Maglistika roucha* – erwachsenenhafte Kleidung!«, raunten meine Tanten und Mamas Freundinnen sich über mich zu und schüttelten missbilligend die Köpfe. Es klang immer, als hätte ich etwas ganz Übles angestellt.

Die Suche nach schlichten Kindersachen ist so anstrengend, dass ich mich irgendwann auf ein paar Stufen niederlasse, um meine neu erstandenen Sandalen wieder gegen die bequemeren Gummi-Flip-Flops aus der Badetasche zu tauschen. Da setzt sich eine Frau neben mich. Zum Plaudern. Einfach so.

»Das mache ich auch oft«, sagt sie. »Ich habe auch immer

ein paar *sayonares* dabei.« *Sayonares*, so nennt man Zehenschlappen hier. »Braucht man einfach bei der Hitze. Wir müssen uns doch nicht wegen der Schönheit selbst versklaven, oder?«

»Nein, wirklich nicht!«, sage ich, und dann geht sie wieder. War nett. Die Leute reden hier einfach mehr miteinander, auch Wildfremde. In jeder Lebenslage.

Es gibt allerdings auch wortkarge Griechen. Sokrates ist zehn und grüßt nicht, als ich den Raum betrete. Er schaut lieber auf seinen roten Nintendo. Manchmal auch auf den FlachbildFernseher. Es läuft gerade *Biss zum Morgengrauen*, auf Englisch mit Untertitel. Da lernt er immerhin etwas, sagt Voula, Sokrates' Mutter.

Voula ist eine Freundin aus Teenagerzeiten, sie ist die Tochter von Bekannten von Mama. Sie hat uns zweimal in Deutschland besucht. In Piräus sind wir manchmal miteinander ausgegangen, oder wir saßen bei Voulas Freundin Aliki auf dem Balkon, tranken Frappé und quatschten über Dinge, über die Teenies eben so reden: Partys, Jungs, blöde Lehrer, unsinnige Elternregeln. Seither haben wir uns ab und an Karten geschrieben, uns über unsere Mütter Grüße ausrichten lassen, alle Jubeljahre telefoniert. Heute sehe ich sie seit Jahrzehnten das erste Mal wieder.

Auf der Straße hätte ich Voula nicht erkannt: Ihre früher wilden roten Haare sind vorteilhaft gestuft, der Babyspeck ist total verschwunden, die Nägel sehr gepflegt – French Nails, auch an den Füßen. Voula arbeitet nämlich bei einer Parfümerie-Kette, mittlerweile als Filialleiterin, mit nobler Adresse in Athen. Das sieht man ihr an.

Heute arbeitet sie aber gar nicht, sondern packt für einen

vierwöchigen Urlaub in Kalamata, wo ihre Oma lebt. Als ich komme, lässt sie die Bügelwäsche und Kleiderstapel stehen und eilt an die Küchenzeile, um einen Imbiss herzurichten: Die Küchenzeile ist im Wohnzimmer, alles ist im Wohnzimmer. Es ist ein offener Wohnraum in einem ganz modernen neuen Apartmenthaus. »Das ist der amerikanische Stil!«, schwärmt Voula. Loftartig. Auch mein Cousin Alexis wohnt jetzt so. Neubauwohnungen werden, glaube ich, gar nicht mehr anders entworfen in Griechenland. Es sieht großzügig und luftig aus.

Es ist aber auch sehr laut, wenn keiner sich zurückziehen kann. Denn Sokrates weigert sich, den Fernseher leiser zu stellen. Dimitris, Voulas Mann, sitzt neben ihm auf dem lachsfarbenen Sofa und telefoniert mit den Angestellten seines Geschäfts – er betreibt eine Autovermietung. Dazwischen hackt er Mails in seinen Laptop, den er auf den Knien balanciert. Und die Klimaanlage brummt wie verrückt.

Ich sitze auf einem Barhocker an der Theke der offenen Küche und rufe Voula die aktuellen News zu. Dass es meinen Eltern gut geht. Dass es meinen Kindern gut geht. Dass mein Bruder eine neue Lebensgefährtin hat. Sie brüllt zurück: dass ihre Eltern nun als Rentner dauernd unterwegs sind. Dass Aliki seit einigen Jahren in Spanien lebt und frisch geschieden ist. Und so weiter.

Währenddessen frage ich mich, was Voula in ihrer Küche gerade treibt. Sie schält nämlich nicht nur die Gurken. Sie schält sogar die Tomaten!

»Wusstest du nicht, dass sich in der Schale die meisten Schadstoffe anlagern?«, fragt Voula. Sie ist verwundert – ich bin doch Deutsche! Und in Deutschland, wie überall auf der Welt, setzen sich die Leute doch mit gesunder Ernährung auseinander. »Nur hier haben sie keine Ahnung!«, klagt Voula. Bioprodukte gäbe es zum Beispiel kaum, »diesbezüglich leben wir hinter dem Mond!« Und wenn sie nur daran denke, wie die modernen Griechen sich tagtäglich mit Fleisch vollstopfen, drehe sich ihr der Magen um.

»Dabei war die griechische Küche einst die gesündeste der Welt!«, meldet sich Dimitris vom Sofa her. Es gab Hülsenfrüchte, viel Gemüse, manchmal Fisch – und eben nur selten Fleisch. »Damals lag die Darmkrebsrate in Griechenland quasi bei null!«, referiert er. Aber dann kam der Wohlstand und jeden Tag Fleisch auf den Tisch. Oder italienische Pizza von Pizza Hut. Oder Burger von McDonald's. »Wir fressen uns tot!«, sagt Dimitris. »Aus reiner Dummheit! Nur, weil wir alles Fremde mehr schätzen als unsere eigene, traditionelle Küche.« In der offenen amerikanischen Küche von Voula und Dimitris aber gibt es jetzt griechisches Slow Food: Voula schält auch noch die Paprika, dass ist eine diffizile Angelegenheit und dauert seine Zeit. Dann gibt sie Linsen auf den Salat. Sokrates schlurft derweilen mit dem Nintendo in der Hand an den Kühlschrank und holt sich eine Büchse Seven Up. Voulas Gesundheitsbewusstsein schließt Getränke offenbar aus.

Dann kommt Voulas Schwiegermutter aus der Nachbarwohnung geschlurft, weißhaarig, in alten Pantoffeln, die Schürze überm schwarzen Witwenkleid. In den Händen trägt sie eine Platte mit *Souzoukakia* – Hackbällchen in Tomatensauce. Voula lächelt säuerlich. Dimitris verdreht die Augen.

»Mama! Voula hat doch schon Essen zubereitet. Du sollst dir nicht immer so viel Arbeit machen.«

»Das mache ich doch gern!«, ignoriert die Mama Voulas Blick und füllt Sokrates den Teller voll.

Ich bin ein bisschen unsicher, ob es schlimmer ist, von den

Souzoukakia zu nehmen und Voula damit zu kränken. Oder sie zu verweigern und ihre Schwiegermutter zu kränken. Ich weiß eben nie richtig, wie ich mich in Griechenland verhalten soll!

Weil man älteren Leuten gegenüber unbedingt höflich sein muss, nehme ich doch von den *Souzoukakia*. Geschmacklich die absolut richtige Entscheidung! Aber natürlich lobe ich auch Voulas Linsengericht. Geschälte Tomaten! (»*Ton akron*«, extrem, wieder mal! Diesmal extrem gesund.)

Sokrates schafft es übrigens, auch beim Essen mit dem Nintendo zu spielen. Die Schwiegermutter schneidet derweilen seine Hackbällchen klein. »Muss das Gerät auch beim Essen laufen?«, mäkelt Voula. »Kannst du das Kind nicht in Ruhe lassen?!«, poltert ihr Mann, und dann wird es beim Essen kurz sehr laut. Und schließlich ungemütlich leise.

Dann steht Dimitris auf und geht zurück in die Firma. Im Gegensatz zu Voula hat er nämlich keinen Urlaub. Wir Übrigen kauen und schweigen. Schließlich nimmt die Schwiegermama ihre Servierplatte vom Tisch und zuckelt zurück in die Wohnung nebenan.

»Schade, dass du uns nicht in Kalamata besuchen kommst«, sagt Voula, als ich gehe. Ich soll auf jeden Fall mal einen Sommer bei ihr auf dem Peloponnes verbringen, dann könnten meine Kinder mit ihrem Sohn auf dem Grundstück Rad fahren, den ganzen Tag.

Wir stehen schon vor der Eingangstür, da erzählt sie, was sie so alles bedrückt: Dass Dimitris Firma nicht gut läuft und er schon seit drei Jahren nicht mehr beim Kalamata-Urlaub dabei sein konnte. Dass er eine von zwei Dependancen schließen musste. Dass Voulas Filialleiterinnen-Gehalt gerade so für die Privatschule des Kleinen reicht. Eine gute Schule sei aber so wichtig, die öffentlichen sind eben nicht wie in Deutschland, findet Voula.

Und dass die Schwiegermama die schöne Eigentumswohnung bezahlt hat. Sie betreut auch oft das Kind, sie wohnt ja nebenan. Ohne sie ginge es gar nicht. Die Familie hält eben zusammen im Süden. Aber das ist auch nicht immer leicht, sagt Voula.

Nintendo-Extremist Sokrates starrt wieder auf sein kleines, rotes Gerät. Zum Abschied winkt er müde mit der Hand.

Am Mirkolimano stockt der Verkehr die ganze Nacht, aber das hat gar nichts mit dem Streik zu tun. Das ist hier immer so.

Mikrolimano ist ein malerischer kleiner Stadt-Hafen, an dem Fischerboote und kleine Jachten angeleint sind, und am Ufer reiht sich ein Restaurant neben das andere. Man sitzt direkt am Wasser, isst Fisch und beobachtet die jungen, ausgelassenen Städter an den Nebentischen. Die Autoschlange bemerkt man da gar nicht. Deswegen ist Anna und mir auch der Wagen ihres Mannes Louis nicht aufgefallen, der sich vier Mal an diesem Abend in die Schlange reit, denn eigentlich wollte er noch zu uns stoßen. Wir haben auch seine Anrufe auf Annas Handy überhört. Ebenso wie drei Anrufe meiner Kinder, die mir Gute Nacht wünschen wollten. Wir sind sehr versunken in unser Gespräch.

Zum Beispiel über Annas Jungs, die Zwillinge. Letztes Jahr waren sie noch Vorschüler, ihre Gesichter waren weich wie die von Babys, sie hatten noch nie ohne Eltern außer Haus bei Freunden übernachtet, und Anna konnte gar nicht glauben, dass das bei uns in Deutschland in dem Alter absolut üblich ist – sie hätte das damals nicht gewagt.

Nun haben sie die erste Klasse hinter sich, und gerade befinden sie sich im Zeltlager – und zwar für volle drei Wochen! Das wiederum würden deutsche Mütter ihren Siebenjährigen eher selten zumuten. Hier ist es ziemlich normal. Die Sommerferien dauern von Ende Juni bis Mitte September, die Mütter sind berufstätig, und im Zeltlager auf dem Land mit all seinen Sportplätzen und den vielen Möglichkeiten, sich draußen zu bewegen, sind die Kids besser aufgehoben als in der stickigen Stadt.

Außerdem spielen sie jetzt während des Schuljahres dreimal wöchentlich im Basketball-Verein. Sie sind richtige Racker und ganz anders als mein Sohn in dem Alter, der damals sehr ruhig und ziemlich unsportlich war. Aber als Anna Fotos zückt, bin ich gerührt: Ihre beiden Söhne sehen immer mehr so aus wie mein Junge auf alten Fotos: die gleichen dunklen Augen, die gleichen Wirbel im Haar. Wir sind eben eine Familie, das ist nicht zu leugnen!

Anna sieht noch besser aus als im vergangenen Jahr. Überhaupt werden die Griechinnen, die ich kenne, mit den Jahren immer attraktiver. Vielleicht liegt es daran, dass sie einfach mehr Aufwand betreiben. Annas Haare sind nun noch blonder gesträhnt, sie trägt einen bestickten, rückenfreien Hosenanzug. Und volles Make-up! Aber das tun ja alle Frauen hier.

Vielleicht ist es aber auch einfach nur so, dass sie besonders erholt wirkt, weil sie ja gerade kinderfrei hat. Sie kann arbeiten, solange sie will. Sie kann ausgehen, wann sie mag.

Also bestellen wir noch eine zweite Weinkaraffe und genießen den Abend: Wir sitzen im Ammos, meinem Lieblingslokal am Mikrolimano. *Ammos* heißt Sand, und das Ambiente signalisiert: Strand! Die Tische sind Glasvitrinen, die mit Seesternen gefüllt sind, das Essen kommt in Tellern, die wie Muscheln geformt sind. Am Nebentisch sitzen drei junge Griechinnen, eine hübscher als die andere, und essen Miesmuscheln. Griechischer Weiberabend! Sie lachen, sie prosten sich zu, sie reißen Witze, sie sind sich selbst absolut genug und zwitschern fröhlich wie junge Vögel. Wie meine vier fröhlichen Retterinnen von gestern.

»Wie wir früher«, meint Anna, und dann sind wir auch schon bei der guten alten Zeit. Wie wir damals beim gemeinsamen Urlaub auf Poros unseren Eltern ausgebüxt sind und die ganze Nacht in einer Disko verbracht haben. Wie wir uns mit Mitte zwanzig bei unserem gemeinsamen Santorini-Trip amüsierten. Und so weiter. Es wird ein herrlicher Abend, und ein paar Stunden lang fühlen wir uns, als wären wir selbst wieder Mitte zwanzig.

»Ihr *seid* quasi Mitte zwanzig«, sagt mein Onkel, als ich ihm am Abend darauf davon erzähle. »Ihr merkt es nur nicht!« Er dagegen fühlt sich heute ein bisschen alt. Denn Onkel Michalis hat seine Lesebrille vergessen, darum muss ich die Speisekarte vorlesen. Das dauert seine Zeit.

Der Kellner war schon dreimal vergeblich da.

»*Zigaristo kre-kre-krevithi*«, lese ich. »Nein, *kemissi*. Nein, genau: *kremidi!* Geröstete Zwiebeln.« Der Onkel lacht mich aus.

Schließlich nimmt er mir seufzend die Karte aus der Hand und sagt: »Wie sieht's aus, nimmst du Fisch?«

»Nein, für mich heute keinen Fisch mehr. Ich hatte heute Mittag auf Ägina ja schon *Glaros*, aber der war irgendwie schlecht.«

»*Oriste?* Wie bitte?! Was hast du heute Mittag gegessen?!« Dem Onkel fallen fast die Augen aus dem Kopf.

»Ich sagte: Ich hatte heute Mittag *Glaros,* aber irgendwie war das nichts!«

»Was du nicht sagst!«

»Ja, hat gar nicht geschmeckt. Vielleicht war der *Glaros* nicht ganz frisch. Ich habe alles an die Katzen verfüttert.«

»Das kann ich mir vorstellen!«, sagt Onkel Michalis. Dann legt er den Kopf zurück und lacht Tränen.

Glaros heißt nämlich Möwe. Eine kleine Verwechslung. Tatsächlich hatte ich natürlich *Gavros,* frittierte Fischchen. Klingt ja ähnlich. Schließlich wischt Michalis sich die Lachtränen mit der Serviette von den Augen und sagt: »Jetzt bin ich aber sehr gespannt, was du heute noch alles auf Ägina erlebt hast!«

Ägina also. Beim Frühstück wusste ich noch nicht mal, dass ich heute dort landen würde. Doch dann rief mir die Hotel-Rezeptionistin jubilierend zu, dass die öffentlichen Verkehrsmittel wieder fahren würden, zum Glück! »Und alle Fähren am Hafen. Wenn Sie also auf die Inseln wollen – jetzt geht das wieder. Wer weiß, wie lange!«

Ich hatte keinen Inseltrip geplant. Ich hatte noch gar keine konkreten Pläne, außer den, mit Michalis das Athener Viertel Exarchia zu erkunden, aber erst am Abend.

»Wie lange dauert es denn mit der Fähre zum Beispiel nach Ägina?«, fragte ich. Ägina ist die nächstgelegene Insel, das wusste ich, aber an die Fahrzeit erinnerte ich mich nicht.

Sie schlug in einem Verzeichnis nach: »Nach Ägina geht es jede halbe Stunde. Und mit dem Flying Dolphin dauert es vierzig Minuten dorthin.«

Da schnappte ich schnell Bikini, Sonnencreme und Hotelhandtuch und eilte zum Bus, zum Hafen, in den Flying

Dolphin, das Tragflächenboot. Und war weg! Richtung Insel!

Im Inneren des Dolphins sitze ich auf etwas abgerissenen Stoffsitzen und treffe auf noch mehr Tagesausflügler wie mich. Genau wie mich: Griechen mit Wohnort im Ausland! Vor mir sitzt eine Familie mit Opa, Vater und kleinem Enkel, nur dass Enkel und Opa sich nicht verständigen können: Papa übersetzt, denn der Enkel spricht nur englisch. Es handelt sich bei ihm und dem Kleinen um US-Griechen, die die Verwandtschaft in Piräus besuchen.

Zwei Reihen hinter mir das gleiche Spiel auf Französisch: Die Mama ist Griechin, die Oma auch, aber die drei Kinder verstehen kein Wort dieser Sprache. Ich bin wohl nicht die einzige Auslandsgriechin, die es nicht geschafft hat, ihren Kindern Griechisch beizubringen, und das finde ich ziemlich beruhigend. Aber da nähert sich das Tragflächenboot bereits dem Hafen von Ägina.

Ägina ist eigentlich unspektakulär: die erste Station der Fähren zu interessanteren Inseln wie Hydra oder Poros. Aber Ägina ist eben das nächstgelegene Inselziel, sozusagen ein Vorort von Piräus im Meer. Viele Athener und Piräoten haben hier ihr Wochenendhaus. Vierzig Minuten Fahrzeit – das ist ja nur wie eine S-Bahn-Fahrt.

Ich hatte Ägina nicht so hübsch in Erinnerung: Die Häuser im Hafenort sind alt und malerisch, mehrheitlich im klassizistischen Stil. Es gibt eine Menge Restaurants und Cafés, aber sie sind nicht überfüllt. Es ist viel los, aber es herrscht kein Stress. Es gibt hübsche Sandstrände und etwas zu viele Touristenhotels, das weiß ich noch – aber die sind an anderen Ecken der Insel. Und es gibt sogar antike Ausgrabungsstätten. Also alles, was man für einen griechischen Inselurlaub braucht.

Ich marschiere über einen Hügel und gehe auf der anderen Seite an einem wilden Strand ausgiebig baden. Das Wasser ist klar und türkis, wie es in Piräus nie sein kann. Dann gehe ich wieder zurück und schwimme an einem Stadtstrand. Da ist das Wasser ebenfalls klar und türkis. Dann gehe ich ins Restaurant.

Am Ortsende gibt es vier, fünf kleine Tavernen, die ihre Tische unter Planen direkt am Strand aufgestellt haben. Alles der reinste griechische Inseltraum, und das nur einen Katzensprung entfernt vom lauten und stinkenden Großstadtmoloch. Dankbar atme ich die frische Meeresluft ein. Und dann bestelle ich Fisch!

Ich war davor nur einmal im Leben auf Ägina, da war ich vierzehn. Oder sechzehn? Ich war mit meiner Mutter unterwegs, wir hatten ein Zimmer in Agia Marina, dem etwas überlaufenen Inselort mit dem hübschen Sandstrand, und ich fand es todlangweilig. Mama aber nicht, denn sie hatte sich mit einer Athenerin angefreundet, mit der sie den ganzen Tag plaudernd am Strand verbrachte. Dann saß die Athenerin plötzlich nicht mehr am Strand, sondern im Zimmer. Ihr kleiner Sohn hatte sich nämlich den Magen verdorben. Die Hackbällchen in einem Lokal im Hafenort, das sie besucht hatten, waren wohl nicht frisch gewesen.

Am Tag unserer Abfahrt wollten wir auch noch schnell am Hafen essen. Aber bloß nicht in dem Lokal, das verdorbene *Keftedes* servierte. »Sie hat gesagt, es war das letzte in der Reihe am Strand«, berichtete Mama, also gingen wir in das erste in der Reihe am Strand. Ich aß *Pastitio* mit Hackfleisch, es schmeckte ganz normal. Aber es war trotzdem das falsche Lokal.

Zu Hause bei der Yiayia, meiner Oma in Piräus, umarmte

ich zwei entsetzliche Tage lang die Kloschüssel und schwor mir: Nie wieder Ägina! Doch das alles fiel mir erst wieder ein, als der Kellner jetzt den *Glaros*, nein, *Gavros* brachte. Schon das erste – und einzige – Fischchen, das ich kostete, roch mir irgendwie komisch. Den Katzen aber hat's geschmeckt!

Das Restaurant, in dem ich mit Michalis sitze und von Ägina erzähle, heißt Rosalia. Mikis hat es mir empfohlen. Im ersten Stock gibt es angeblich Musik und Tanz. Davon ist aber heute nichts zu merken, denn anscheinend hat der Besitzer gewechselt. Der Abend ist trotzdem ein Erlebnis, denn das Lokal liegt in Exarchia. »Anarchia«, hat Mikis gescherzt und gezwinkert.

Anarchia ist der Spitzname dieses Viertels, hier ist die linke Szene zu Hause. Die Freaks, die Autonomen. Die jungen Revoluzzertypen. Hier war früher das Polytechnikum, hier haben die Demonstrationen und Revolten Athens ihren Ausgang genommen: in den Siebzigern. Und zum Beispiel auch vor zwei Jahren, als so viele junge Menschen auf die Straße gingen, um Missstände im Land anzuprangern. Das war schon, bevor die ganze Welt vom griechischen Staats-Chaos, von der Vetternwirtschaft, den Betrügereien und den *fakelakia* erfuhr, den Umschlägen mit Bestechungsgeldern.

Von Piräus aus gesehen liegt Exarchia ungefähr am anderen Ende der Welt. »Das letzte Mal war ich in den Sechzigerjahren in Exarchia«, sagt mein Onkel, als wir mit dem Bus zum Stadtbahnhof fahren, von dem aus Piräus mit Athen vernetzt ist. »Damals kannte ich hier einen Anwalt. Das war vielleicht eine Type!« Der Mann war ein großartiger Anwalt, aber leider *achaireftos*, ein Verschwender: »Hat sein ganzes Geld rausgehauen und war ständig pleite. Wenn der einem einen Brief aufsetzen sollte, dann musste man immer vorbeikommen und das Honorar direkt auf den Tisch legen. Aber immerhin hat seine Frau dann für die Besucher gekocht.«

Im hinteren Teil des Busses wird derweilen diskutiert: über die Krise. Die Krise ist nämlich allgegenwärtig im Athen des Jahres 2010. Die Krise und ihre Nebenschauplätze: Gerade geht es darum, ob Deutschland, das Griechenland nun so viel Geld leiht, den Griechen nicht sowieso Reparationszahlungen schuldig gewesen wäre, wegen des zweiten Weltkriegs.

Im Bus wird es darum jetzt laut, jeder hat eine Meinung, keiner hält damit hinterm Berg.

»Wir haben allerdings unterschrieben, dass wir auf die Forderungen verzichten«, belehrt schließlich eine wohl informierte ältere Dame die Umsitzenden in schulmeisterlichem Ton und nennt sogar das Unterzeichnungsdatum.

»Genau!«, meint ein Teil der Fahrgäste.

»Na und!«, empört sich der übrige.

Ich bin beeindruckt – nicht von den Geschichtskenntnissen der Dame, sondern von der Diskussionskultur: »Bei uns gibt's das nicht, dass der halbe Bus gemeinsam Dinge erörtert!«, sage ich.

»Bei uns gibt's das ständig!«, seufzt der Onkel entnervt. »Manchmal denke ich, manche fahren nur den ganzen Tag mit dem Bus herum, um klug daherzureden!«

Die sagenumwobene *Platia Exarchia*, der Exarchia-Platz, entpuppt sich als winziger, fast dreieckiger Platz. Auf den Bänken sitzen alte Leute und sehen Kindern beim Spielen zu: Ein Haufen Jungs bolzt auf dem Asphalt, jüngere spielen an den Geräten eines kleines Spielplatzes auf dem (völlig ausgetrockneten) Grünstreifen, der den Platz umrundet. In der Mitte hat irgendjemand eine Tischtennisplatte aufgestellt, auch da herrscht reger Verkehr. Noch nie habe ich einen innerstädtischen Platz erlebt, bei dem jeder Quadratmeter so intensiv genutzt wird.

Dass es sich aber nicht um einen ganz normalen Platz in einem ganz normalen Athener Viertel handelt, erkennt man an den Transparenten, die im Wind flattern und das Dreieck im Häusermeer einrahmen – große, weiße Stoffsegel mit aufgemalten Parolen: »Wir fordern: Generalamnestie für alle Strafgefangenen!«, liest Onkel Michalis eines vor und lacht. »Die scheinen hier noch Illusionen zu haben.«

Hier sieht keiner nach Soap-Opera aus. Es gibt keine glatt gebügelten Haarmähnen, keine Glitzersteinchen auf den Zehen. Die jungen Frauen tragen stattdessen Lockenpracht, Jesuslatschen, bunte Wickelröcke, sogar Pumphosen. Die Männer ausschließlich Schwarz. Und sehr oft Bart. Weil im Süden die Bärte mitunter tiefschwarz sind, sehen sie sehr wild und nach Räuber Hotzenplotz aus. Ein paar haben außerdem Dreadlocks auf dem Kopf, aber immer nur zwei oder drei zur Kurzhaarfrisur – viel mehr wäre wahrscheinlich zu heiß. Die älteren Herren tragen Nickelbrillen und graue Wallemähnen. Alles sehr alternativ.

Wir sitzen auf einer Bank, trinken Wasser vom Kiosk und sehen dem geselligen Treiben zu. »Das ist ja fabelhaft hier!«, findet Onkel Michalis. »Richtig was los! So viel junge Leute!« Und er amüsiert sich über die ausgefallenen Frisuren. »Schön, dass die Menschen alle auf der Straße sind, heutzutage.«

Aber war das nicht immer so? In Griechenland ist es doch abends noch so warm?

»Nein, früher sind wir fast immer zu Hause geblieben«, berichtet der Onkel. Man hatte ja kein Geld. Nur einmal im Monat sei man vielleicht ausgegangen, dann habe man sich in einem Café ein Kamaki-Eis gegönnt, ein typisch griechisches Sahneeis. Das gibt's kaum mehr, heute gibt es Häagen Dazs.

Aber natürlich saß man trotzdem nicht den ganzen Abend in der stickigen Bude. Zu Hause stellte man abends die Stühle vor die Haustür, saß in der frischen Brise und plauderte mit den Nachbarn. »Das war, als die meisten noch in ihren eigenen Häusern lebten«, sagt der Onkel, doch wenn man, wie jetzt, in einem mehrstöckigen Apartmenthaus wohnt, sei das mit dem Stühle-rausstellen natürlich nicht mehr möglich. Damals wurde zu Hause auch noch öfter gekocht. Und man hat sich gegenseitig besucht. Und zwar meistens am Namenstag.

Hatte jemand von der Familie oder aus dem Bekanntenkreis seinen Namenstag, dann nutzte man den Anlass, sich seine besten Sachen überzuziehen, und besorgte Süßigkeiten in einem guten *sacharoplastio*, einer Konditorei, als Gastgeschenk. »Das waren die Ereignisse damals, mehr gab es nicht«, sagt der Onkel. Stimmt ja, auch ich kann mich noch daran erinnern. Auch meine Großeltern stellten abends die Stühle vors Haus. Und auch zu uns kamen Freunde und Verwandte mit den typischen Schachteln vom *sacharoplastio*.

»Heute besuchen sich die Leute kaum mehr«, sagt der Onkel. Als die Frau seines Sohnes Alexis vorgestern Namenstag hatte, feierte sie das einfach mit ihrem Mann abends beim Italiener bei einem romantischen Abendessen zu zweit. Aber das sei ja auch ganz okay.

Nach dem Essen bummeln wir noch ein bisschen herum. Die Straßen sind sehr voll, der Onkel ist sehr begeistert, weil alles so lebendig ist in Exarchia. Es gibt ein Café, in dem nun

Wasserpfeifen auf den Tisch kommen. Michalis, von Natur aus experimentierfreudig, ist begeistert und will das unbedingt ausprobieren. Leider ist kein Platz mehr in dem Lokal frei. Nächstes Mal! Stattdessen trinken wir nebenan Guinness-Bier. Mein erstes, seit Anna Studentin war: Guinness-Bier war in den Achtzigerjahren in griechischen Studentenkreisen ein absolutes Muss, und anscheinend hat sich daran bis heute nichts geändert.

Die kleinen Kinder vom Spielplatz sind nun verschwunden, stattdessen bevölkern zwanzig bis dreißig junge Leute die Platia Exarchia. Die Jungs haben noch nicht mal richtigen Bartwuchs und sind nicht älter als siebzehn, die Mädchen haben ihre Augen mit schwarzem Kajal umrandet und rauchen Selbstgedrehte. Da stehen sie rum und lachen und plaudern, die meisten halten eine Wasserflasche in der Hand, nur ein paar trinken Bier, aus Büchsen. Wüsste man es nicht – und hätten nicht einige der Kids die typischen Springerstiefel an den Füßen – man würde nicht merken, dass es sich um Mitglieder der sagenumwobenen Athener Autonomenszene handelt. Sie sehen aus wie gewöhnliche Gymnasiasten. Und die Platia Exarchia wie ihr Pausenhof.

Zum Tanzen bin ich immer noch nicht gekommen. Ich bin ja auch eigentlich nicht zum Tanzen hier, sondern um meine Verwandten zu sehen und um Athener Luft zu schnuppern.

Und doch verspüre ich plötzlich eine heiße Sehnsucht nach griechischem Tanz. Mikis und seine Tanzgruppe haben mich infiziert.

Und nun bin ich mitten in der Stadt und habe das Gefühl, etwas zu versäumen. Aber bei Rosalia gibt es nun mal keinen Tanz mehr, und ich wüsste nicht, wohin sonst. Der Onkel weiß es auch nicht. Mit Tanz hat er sich nie wirklich auseinandergesetzt. Natürlich gibt es spezielle Lokale, »Bouzoukia« heißen sie, oder »Kosmikes Tavernes«, aber welche davon empfehlenswert sind, und wo überhaupt welche sind? »Keine Ahnung«, sagt der Onkel.

»Du solltest mich mal sehen!«, sage ich. »Ich kann jetzt sogar so tanzen wie die Pontos-Griechen. So merkwürdige Tänze.« Ich mache es ihm vor, und er hat mal wieder etwas mit mir zu lachen.

»Am Anfang mochte ich die Musik gar nicht«, sage ich. »Ich konnte mit der Lyra nichts anfangen. Aber jetzt gefällt sie mir ganz gut.«

»Lyra? Ich hasse Lyra. Die Lyra strapaziert meine Nerven«, sagt Onkel Michalis. »Wenn im Radio was mit Lyra kommt, drehe ich ganz schnell weg. Ein furchtbares Instrument.«

»Man gewöhnt sich dran«, sage ich, und er schaut mich zweifelnd an.

Normalerweise ist in Griechenland aus jedem Taxiradio griechische Musik zu hören. Sie erklingt am *periptero* aus den Radios der Kioskbesitzer, sie dudelt aus den Restaurants und im Supermarkt aus den Lautsprechern – statt Easy Listening. Sie erklingt sogar in Aufzügen und in der Warteschleife am Telefon. Zumindest war das noch vor ein paar Jahren so.

Jetzt nicht mehr. Diesmal höre ich fast überall internationale Popmusik. Im Aufzug. Beim Einkaufen. Im Taxi. Vielleicht ist griechische Musik derzeit out in Griechenland.

Nur einmal erschallen ganz kurz nachts Bouzoukia-Klänge auf einer Dachterrasse gegenüber von meinem Hotel. Ich liege schon im Bett, doch da springe ich ganz schnell auf. Ich muss zugeben, dass mein Herz aufgeregt pocht.

Der Dachgarten ist ringsum begrünt, die tanzenden Gäste

sind nur als dunkle Schemen zu erkennen. Außerdem kann ich einen Springbrunnen ausmachen. Er wird abwechselnd rot und grün beleuchtet.

Die Musik ist schlecht. Sehr kommerziell, schnulzig, ein paar moderne E-Gitarren klingen mit. Trotzdem: Ich wäre jetzt auch gern da drüben und würde mittanzen. Offensichtlich handelt es sich aber um eine private Veranstaltung, eine Party, vielleicht eine Hochzeit.

Nach zwei, drei griechischen Liedern wechselt das Programm zu internationaler Popmusik. Die Lautstärke ist ohrenbetäubend. Ich wünschte, ich hätte Ohrstöpsel. Dann würde ich außerdem auch das Rauschen des Verkehrs nicht so hören, und das Klappern der alten Klimaanlage. Den ganzen Lärm um mich herum. Ich liege bis drei Uhr wach, erst dann wird draußen die Musik leisergestellt.

Mit dem Schlafmangel potenziert sich der Lärm um mich herum zu einer gigantischen Stressbelastung. Vor dem Lärm ist kein Entkommen, schon morgens geht es los: Beim Frühstück im Hotel suche ich lange nach einem Tisch, über dem kein runder Wandlautsprecher installiert ist. Ich finde keinen und frühstücke wie jeden Tag unter der akustischen Geräusch-Dusche: Es rauscht, es knattert, das Programm ist schlecht eingestellt, schon seit Tagen. Oder vielleicht aus Prinzip. Es scheint außer mir niemanden zu stören, denn die meisten Gäste hier sind Griechen, aus der Provinz.

Auf der Straße heulen dann die Automotoren, knattern die Mopeds, permanentes Gehupe ertönt. Und natürlich: Presslufthämmer. Der Ventilator in Onkel Michalis' Wohnzimmer klingt nach Düsenflugzeug, der MP3-Player in Annas Haus nach Disko. »Viel zu laut!«, klage ich. »Ach was«, meint

Louis, Annas Mann. »Leise wird's noch früh genug – wenn wir tot sind!« So denken anscheinend alle hier.

Mir aber zerrt der Krach an den Nerven. Wahrscheinlich war es immer schon so laut hier. Aber vielleicht waren früher einfach meine Nerven besser.

Auf der Flucht vor dem Geräusch-Terror fahre ich ans Meer – nicht nur runter zu Paraskevas, sondern raus aus dem Zentrum. Die Tram zuckelt die Küstenstrecke Richtung Vouliagmeni entlang, ein Strandabschnitt reiht sich hier an den nächsten. Es ist Samstag, es gibt keine Sitzplätze mehr, die Fahrgäste tragen Badesachen und stoßen sich mit ihren prall gefüllten Strandtaschen in die Seite.

Ich steige bei Kalamaki aus und stapfe einen öffentlichen Strand entlang. Es gibt kaum Platz für mein Handtuch, es plärren die Handys und ihre Besitzer um die Wette, im Wasser kreischen Kinder. Ich packe meine Badesachen wieder ein. Neben dem Strand liegt eine Grünanlage, ganz hinten ein Restaurant.

Ein Restaurant mit Natursteinterrasse. Vom Verkehrslärm nur eine ferne Ahnung. Man sitzt im Schatten unter Weinranken, ein *peristeri*, eine Türkentaube, gurrt ihr Lied. Es gibt Stoffservietten und Weinkühler, die Kellner geleiten die Gäste an ihre Tische. Mich aber führen sie ausgerechnet an einen kleinen Tisch zwischen zwei Großfamilien, eingekeilt im Familienlärm. Ob ich nicht vielleicht woanders sitzen könnte, vielleicht ganz dahinten, wo es ruhig ist? Nein, da ist ja gar nicht aufgedeckt, dort gibt es tagsüber keinen Service, sagt der Kellner, der mein Problem nicht nachvollziehen kann.

Da sitze ich, und die Familien versuchen, sich gegenseitig zu überschreien. Und fühlen sich alle pudelwohl. *Ton akron!*

Anscheinend muss ich noch weiter raus aus der Stadt. Aus

meiner Jugend erinnere ich mich an die exklusiven Strandbäder bei Voula und Vouliagmeni mit ihren Grünanlagen, dem sauber geharkten Sand, den ordentlichen Liegen. Und an die luxuriöse Ruhe dort: Zikadenklänge. Das Ticken des Wassersprengers. Sonst nichts.

Steige ich eben noch mal in die Tram und fahre weiter.

»Können Sie mir vielleicht sagen, in welchen Abständen die Tram fährt?«, frage ich einen Kellner. »Ich bin nämlich nicht von hier.«

»Wann die Tram fährt, das weiß wirklich kein Mensch«, lacht er mich aus. »Wir sind doch hier in Griechenland!« Aber dann verrät er mir, dass es auch ein paar Schritte weiter ein Strandbad gibt: »Das ist natürlich nicht so überfüllt wie der öffentliche Strand.«

Es gibt sogar zwei fußnahe Strandbäder. Eines heißt Mantra-Beach. Die Mercedes-Kabrio-Dichte an der zugeparkten Zufahrt ist beeindruckend. Die Sitze der Fahrzeuge sind aus creme- oder zimtfarbenem Leder. Am Eingang warten spindeldürre Ultrablondinen in Superhotpants mit geschulterten Designer-Badetaschen und junge Männer in Poloshirts und Tod's-Loafers, faustgroße Rolex-Uhren am enthaarten Handgelenk. Der Einritt kostet zehn Euro.

Nebenan ist es um zwei Euro günstiger, hier stehen auch Normalos und Familien an der Kasse. Ich wähle das Normalo-Bad, bezahle meine acht Euro, freue mich: Der Wassersprenger tickt. Die Liegen stehen in Reih und Glied. Der Strand ist golden und sauber geharkt. Das Wasser schimmert einladend. Es ist ruhig.

Aber nur einen Moment. Dann wummern die Bässe, der Rhythmus tobt, denn samstags legen DJs auf und beschallen den ganzen Strand!

Am Abend bin ich aufgekratzt und munter. Denn sonderbarerweise bin ich am Strand in stundenlangen Schlaf gefallen, trotz des DJ-Programms. Und plötzlich macht der Krach mir nichts mehr aus, ich bin ja ausgeruht. Und ich weiß: Ich bin bald zu Hause.

Es ist mein letzter Abend, und Annas Zwillinge sind aus dem Zelturlaub zurück. Sie haben aber ihre Nintendos dabei und sprechen nicht mit Erwachsenen. Wir sitzen alle lange in Marina Zeas in einem schicken Café, zahlen dafür Extrempreise von fast sechs Euro pro Latte macchiato und verabschieden uns ausgiebig.

Schließlich müssen die Zwillinge ins Bett gebracht werden. Anna und ich drücken uns mehrmals, dann verlassen wir das Café. Da muss ein Zwilling noch ganz schnell aufs Klo, und Onkel Michalis begleitet ihn zurück. Als die beiden weg sind, muss der andere Zwilling ebenfalls. Deswegen stehen wir noch eine Zeitlang rum und warten.

Dann wollen die Jungs noch schnell ein Eis, und ihr Opa – mein Onkel – spurtet los ins *periptero,* um welches zu besorgen. Also stehen wir vor Louis' geparktem Auto und umarmen uns noch ein paar Mal. Dann fällt uns wieder etwas ein, und wir reden noch ein Stündchen oder so. Und umarmen uns wieder.

Onkel Michalis und ich schlendern schließlich noch gemeinsam zum Pasalimani, und plötzlich bekommen wir wieder Hunger. Deswegen holen wir *Pitasouvlakia* in dem Laden, in dem ich am ersten Abend meinen kleinen Imbiss hatte. Es bedient dasselbe junge Mädchen, überhaupt habe ich sie hier jeden Tag arbeiten sehen, und um jede Tageszeit:

»Schläfst du auch hier?! Oder schläfst du nie?«, frage ich sie.

»Eher nie!«, sagt das Mädchen und lächelt müde unter der Schminke.

»Sie schläft wahrscheinlich, wenn die Saison vorbei ist!«, erklärt mir der Onkel.

»Ist die denn jemals vorbei?«, frage ich.

Er zuckt nur mit den Achseln. Dann verabschieden wir uns noch ein paar Mal, und es vergeht wieder eine Stunde oder so, dann gehen wir getrennte Wege – er ein paar Schritte in seine Wohnung. Ich Richtung Bus.

Ich drehe mich noch einmal um, da sehe ich ihn noch um die Ecke schlendern, in seinem typischen Gang. Am liebsten will ich hinterher. Aber es zu spät, die Zeit des Vermissens hat schon wieder begonnen. Es tut, wie immer, ein bisschen weh.

Dummerweise ist es auch wieder zu spät für den Bus, und, nein: Ein Taxi kriege ich auch nicht. Aber wie immer ist die halbe Stadt auf den Beinen, diesmal ist ja wirklich Wochenende. Ich gehe, es ist beschwerlich, aber da höre ich etwas, und dann laufe ich, immer schneller. Die Lyra! Griechische Musik! Keine Diskomusik im griechischen Stil – echte, griechische Volkslieder: *laika tragoudia!*

Es kommt von unten, von Paraskevas, und es ist sehr laut. Aber ich muss ja morgen früh raus, sagt mein Kopf. Da bin ich schon auf der Treppe nach unten.

Es ist eine gewundene Treppe, an manchen Stellen ist es ziemlich dunkel. Früher haben sich nachts Pärchen unten im Sand vergnügt, damals, als die Moral im Land so streng war, dass die jungen Leute sich nicht zu Hause amüsieren durften. Anscheinend sind aber auch heute noch Pärchen hier unterwegs, es ist ja auch eine herrliche Nacht, und eines kommt mir auf der Steintreppe entgegen.

»Was ist denn da hinten los? Ist da ein Tanzlokal?«

Als ich die beiden anspreche, zieht sich der Mann ins Dunkel zurück. Die Frau aber kommt auf mich zu, unter der sehr durchsichtigen Bluse trägt sie, man sieht es im Zwielicht: nichts!

Da fällt mir auf einen Schlag wieder ein, dass ich früher einmal gehört habe, bei Paraskevas gibt es nachts nicht nur ganz normale Paare: Ich befinde mich hier also auf dem Strich.

Aber die Frau ist sehr nett, sie bleibt stehen, sie nimmt sich Zeit. Nur ist sie ziemlich betrunken oder high, und was da los ist, weiß sie auch nicht. »Aber schöne Musik! Ich bin verrückt nach Musik!!«, lallt sie und schwankt nach oben, wo der Freier nun schon wartet.

Plötzlich wird es mir unheimlich hier. Als Nächstes zieht mir vielleicht jemand etwas über den Kopf und klaut meinen Geldbeutel! Völliger Wahnsinn, sich um die Zeit hier herumzutreiben. Und alles nur wegen der Lyra!

Am Ende der Treppe allerdings sehe ich eine Menge geparkter Autos und einen alten Herrn, der gerade seinen Schäferhund ausführt. Da vorne ist ein Lokal, weiß der Mann: »Da ist samstags immer Tanz.«

»Also Veranstaltungen, Hochzeiten und so? Oder Tanz, bei dem jeder mitmachen kann?«

»Es ist ein Tanzlokal. Da kann jeder tanzen, der Lust dazu hat!«, weiß der Alte, und ich fliege den Weg entlang. Ich freue mich!

Und dann sehe ich die Braut. Normalerweise kann hier nämlich jeder tanzen. Nur heute nicht, wegen einer privaten Hochzeitsfeier.

Die Braut auf der Terrasse des Lokals hat ihr Tüllkleid nach oben gerafft und die Schuhe abgestreift. Sie führt die Schlange an. Die übrigen Gäste schauen von ihren Tischen aus zu und klatschen im Rhythmus. Sie tanzen einen Syrto, sehr schnell – aber natürlich nicht ganz so perfekt wie meine Tanzgruppe. Es dürfte ja auch kaum jemand von Dora Stratou dabei sein!

Ich stehe noch eine Zeitlang davor und schaue über das Geländer, und mein Herz schlägt im Takt. Dann drehen sich einige Hochzeitsgäste von den Tischen nach mir um, und ich gehe weiter, in mein Hotel. Morgen früh fliege ich nach Hause. Und überübermorgen findet wieder mein Tanzkurs statt!

Ton Akron

Ton akron, extrem – das ist die Zauberformel des Griechischseins an sich. Sie lässt sich auf alles anwenden, nicht nur auf kleine Marotten und Gewohnheiten: extrem herzlich, extrem kommunikativ. Extrem fröhlich, extrem lustig. Manchmal extrem melancholisch, wie beim Rembetiko, der Musik der einst hoffnungslosen Kleinasienexilanten.

Auch extrem gebildet trifft zu – man denke nur an den hohen Akademikeranteil. Extrem fleißig eben. Stellenweise aber auch extrem faul. Extrem erschöpft, *exantlimeni*, extrem beleidigt, *parexigimeni*. Extrem arrogant, wie die Athener gegenüber ihren Landsleuten aus der Provinz. Extrem stolz, auch extrem aufmüpfig. Feinsinnig. Und – in manchen Fällen – eben auch extrem korrupt. Oder anarchisch, wie die Kids aus Exarchia, die wochenlang nicht müde wurden, in Straßenschlachten gegen Missstände anzukämpfen. Alles ist extrem, *ton akron*.

Wenn die menschlichen Eigenschaften Pflanzen wären, würde man feststellen, dass sie unter der griechischen Sonne üppiger wuchern als irgendwo sonst auf der Welt. Und so besitzen die Griechen von allem, was das Menschsein ausmacht, einfach zu viel!

6. Stunde: Die Griechen sind die Größten

Zu Hause im Kurs werde ich empfangen, als wäre ich viele Wochen, und nicht nur ein paar Tage, fort gewesen. Alle küssen mich.

»*Pos ta perases stin Athina?* Wie war's in Athen?«, fragt Popi.

»Schön war's – und laut. Furchtbar laut!«

Popi nickt verständnisvoll. Sie ist heute nicht zum Tanzen vorbeigekommen, sondern nur auf eine kleine Stippvisite: Popi hat Verwandtschaft zu Besuch, ihre Schwester Dimitra, und Jannis, den Schwager. Sie will ihnen nur kurz die Tanzgruppe vorstellen.

Jannis, der auf Kos lebt, kann mein Problem mit dem Athener Großstadtkrach gut nachvollziehen – er selbst findet es in der griechischen Hauptstadt unerträglich: »Ihr habt es so ruhig hier in *Monacho*, in München – so ist es in Athen nie.« Am Wochenende stand er mit seiner Frau auf dem Balkon von Popis Münchner Wohnung, und es war so still auf der Straße, dass die beiden sich Sorgen machten: »Wir dachten, vielleicht ist irgendwas passiert! Aber Popi sagte: ›Das ist sonntags ganz normal hier.‹«

Jedenfalls scheine ich das griechische Wetter mitgebracht zu haben: Es ist in München fast noch wärmer als in Griechenland. Vicky ist überzeugt: »Das bleibt jetzt so. Sieben Wochen lang.« Denn am Samstag war Siebenschläfertag, und die Volkstanzgruppe glaubt offenbar fest an die deutschen Bauernregeln.

Außer Mikis: »Weiß man hier doch nie, wie das Wetter wird. Nächste Woche kann es schneien. Wir sind doch in Deutschland!«

»Umso wichtiger ist, dass wir heute in den *Biagarten* gehen!«, sagen Vicky und Lazaros unisono. Biergarten – das ist heute der Plan für den Abend. »Tanzen kann man ja auch, wenn es regnet«, findet Vicky. Sie hat sich extra hübsch gemacht und trägt ein Sommerkleid mit schwingendem Rock und großen roten Blüten darauf: Der Sommer hat Farbe in die Volkstanzgruppe gebracht. Panajota trägt eine weite Flatterhose und bunte Sandalen mit Glitzersteinchen, und Lazaros trägt Shorts und zeigt sehr braune Waden: Er hat den Tag im Garten seiner Tochter auf der Sonnenliege verbracht.

Zuerst aber wird getanzt! Carla und Nitsa sind schon dabei. Mikis spielt mein Lieblingslied: »*Tessera mavra matia*« – Vier schwarze Augen. Es hat eine herzzerreißende Melodie und handelt – natürlich – von unglücklicher Liebe. Es stammt aus Kleinasien, die Schritte sind nicht so schwer, und am liebsten würde ich es drei Mal hintereinander tanzen.

Heute klappt es allerdings nicht so richtig mit mir und den vier schwarzen Augen. Irgendwie komme ich andauernd aus dem Tritt. An sich ist der Tanz ganz unkompliziert: Man bewegt sich nur mit ein paar überkreuzenden Schritten und ein paar rhythmischen Stopps nach rechts und genießt die schöne Melodie. Nun aber bewegen wir uns nach ein paar Schrittfolgen urplötzlich in die Gegenrichtung, also nach links. Und dann wieder nach rechts. Nur wann, und wie?! An diese Kombination kann ich mich jedenfalls gar nicht erinnern.

Anscheinend bringe ich die vielen Tänze, die ich bisher ausprobiert habe (gelernt kann man wohl noch nicht sagen) schon total durcheinander.

»*Signomi*, Entschuldigung«, sage ich zu Lazaros, den ich bei dem Hin und Her andauernd anremple. »Ich bin heute irgendwie verwirrt. Anscheinend erinnere ich mich gar nicht mehr an die Schritte des Tanzes, dabei haben wir den doch schon so oft getanzt.«

»So aber noch nie«, sagt Lazaros. »Diesmal hat Mikis eine ganz neue Variation vorgemacht.«

Also doch, ich habe es mir nicht nur eingebildet!

»Macht er das öfters – also auch bei anderen Tänzen?«

»Ständig!«, sagt Lazaros.

»Na, dann wird mir auch endlich klar, warum ich mir keinen Tanz so richtig merken kann«, sage ich, und wir lachen.

»Jetzt lernen wir noch was Neues!«, ruft Mikis da in den Raum.

»Bei der Hitze?«, fragt Nitsa.

»Und wo wir doch sowieso gleich in den *Biagarten* gehen«, meint Vicky.

»Das sehe ich nicht so, dass wir in den Biergarten gehen«, raune ich Panajota zu, die neben mir tanzt. Panajota lacht: »Ich auch nicht!«, sagt sie. Nur Vicky und Lazaros wollen es noch nicht wahrhaben.

»Jetzt wird's Zeit!«, sagen sie nach der ersten halben Stunde.

»Ooooch!«, macht Mikis: »Ehrlich gesagt: Bis wir dort sind! Das ist doch ein weiter Weg. Und die Leute wollen tanzen!«

Panajota und ich zwinkern uns zu.

»Wenn ich gewusst hätte, dass wir nicht gehen, dann wäre

ich gar nicht erst gekommen!«, sagt Vicky, nun etwas ungehalten.

»Was soll ich tun, wenn die Leute tanzen wollen?!«, sagt Mikis. »Carla, willst du in den Biergarten? Oder Nitsa? Markos?«

Carla und Nitsa wollen allerdings immer tanzen, deswegen ist die Frage unfair gestellt. Und Markos will immer früh nach Hause. Heute erfahre ich auch, warum. Er zeigt Babyfotos herum. Markos ist nämlich erst vor drei Monaten Papa geworden.

»Wir können doch einen Kompromiss machen«, schlage ich vor. »Wir tanzen noch eine viertel oder halbe Stunde und gehen dann in den Biergarten.«

»Dann gibt es nix mehr. Keinen *Stäkerlfisch*, keine *Bratwurstel*, nix. Die Schlange wird jetzt schon viel zu lang sein«, sagt Vicky.

»Essen wir doch einfach hier unten!«, schlägt Mikis vor. Da gibt es aber keinen Garten, deswegen ziehen Vicky und Panajota nun ohne uns ab, und wir müssen noch lange tanzen.

Wir tanzen Kinigitos, einen Tanz, bei dem der Erste die Schlange in hohem Tempo durch den Raum zieht – *kinigitos* heißt: der Gejagte. Der Tanz kommt vom Schwarzen Meer. Meine Hand schwitzt, Markos' Hand schwitzt, Stavros' Hand schwitzt – fast flutschen unsere Hände auseinander, so warm ist es in dem Raum. Wärmer als unter gleißender Sonne. Wärmer als in der Sauna, so kommt es mir vor. Das liegt auch daran, dass die Fenster nur angelehnt sind. Bei den herrschenden Temperaturen allerdings sollten sie besser sperrangelweit geöffnet sein, finde ich.

»*Pädia*, die Hitze hält ja kein Mensch aus! Wir müssen die Fenster öffnen!«, sage ich und übernehme das auch gleich. Dann lehne ich mich weit hinaus und atme die nach Lindenblüten duftende Sommerabendluft ein, die nun schon ein klein wenig abkühlt. Jetzt geht es wieder!

Als Nächstes halten wir den linken Arm hinter dem Rücken, mit der rechten Hand packen wir unseren rechten Nachbarn am Oberarm. Ein Schlenker mit dem rechten Bein, dann drei Zwischenschritte, dann beugen wir die Beine mit nach außen gestellten Knien – wie das Plié beim Ballett. Ein alberner Tanz, finde ich. Wir wirken dabei wie Kasperl.

Und wir schwitzen. Wieso schwitzen wir eigentlich so? Da erkenne ich aus den Augenwinkeln, dass zwei von drei Fenstern schon wieder angelehnt sind.

»Aber warum sind die Fenster schon wieder zu?«, rufe ich in den Raum.

»Gefährlicher Luftzug!«, antwortet Mikis, der gerade an dem letzten Fenster vorbeitanzt – und es bei der Gelegenheit gleich schließt. »Wir sind ja alle ganz verschwitzt. Bei dem Luftzug holen wir uns den Tod!« Und keiner widerspricht – außer mir. »Ohne Luftzug falle ich aber gleich in Ohnmacht!«, sage ich, aber Mikis scheint das nicht zu beunruhigen.

Wir tanzen weiter. Ich packe Nitsa am nackten Oberarm, und bald ist die Stelle nass vor Schweiß. Ich packe fester, damit sie mir nicht entgleitet. Wir schwitzen noch mehr. Also halte ich Nitsa noch fester. Am Ende des Tanzes hat sie rote Fingerabdrücke auf dem Arm.

»Oh, war ich das?!«, frage ich erschrocken.

»Du kannst ja nichts dafür!«, sagt Nitsa, aber dann, an Mikis gerichtet: »Können wir nicht etwas Leichteres tanzen? Etwas, was wir schon beherrschen, damit wir nicht so ins Schwitzen kommen?!«

»Oder können wir nicht einfach die Fenster wieder aufmachen?«, frage ich.

Wenigstens bezüglich des ersten Anliegens hat Mikis ausnahmsweise ein Einsehen: Er sucht in seinem Laptop nach einem ganz einfachen Tanz. Dass er uns dazu den Rücken zudrehen muss, nutze ich aus, und mache wieder die Fenster auf.

Die Musik hat einen Siebenachteltakt. Wir tanzen, beginnend mit dem rechten Fuß, in kleinen, schwungvollen Schritten nach rechts, drei Schritte, der vierte leicht hüpfend ausgeführt, dann noch mal vier Schritte. Dann ein Schritt links überkreuzt nach rechts, und zurück in die Ausgangsposition. Daraufhin einen Schritt rechts überkreuzt in die Gegentanzrichtung, also nach links. Dann alles von vorne. Das ist etwa so einfach wie der Touristen-Sirtaki. Und nach der zweiten Runde macht Mikis wieder die Fenster zu.

»Das wird in Griechenland rauf und runter getanzt, überall. Das macht richtig Spaß!«, sagt Lazaros. Damit hat er recht.

»Aber Mikis hat keine Lust auf so einfache Tänze.«

»Wie heißt dieser Tanz denn?«, frage ich.

Lazaros schaut mich verblüfft an: »Aber das ist doch der Kalamatianos!«

»Ach, *das* ist der Kalamatianos!«, sage ich. Ein Tanz also, den jeder in Griechenland beherrscht. Und ich auch! Ich wusste es nur gar nicht.

Doch je ausgefallener die Tänze sind, umso besser gefallen sie Mikis. Zum Beispiel dieser: Immer zwei Frauen tanzen mit einem Mann, die Arme irgendwie miteinander verknotet, alle drehen sich hin und her, schließlich gibt es Armsalat.

»Den tanz ich nicht!«, sagt Markos. »Der ist lächerlich.« Es sind ohnehin zu wenige Frauen anwesend. Stavros versucht es deswegen einfach allein: mit imaginären Frauen an der Hand. Da verknoten die Arme auch nicht so, und man schwitzt sich nicht gegenseitig voll. Nikos tanzt mit großer Verve, sogar als die Musik schon aus ist, dreht er sich noch immer fröhlich im Kreis herum.

Kyria Niki unten in der Taverne hat heute gar nicht gekocht oder gebraten. Sicher dachte sie, bei diesem strahlenden Biergartenwetter lohnt sich das nicht, da kommt sowieso keiner.

Also gehen wir wieder zum Italiener, der Tische auf dem Bürgersteig stehen hat.

Die italienischen Kellner kennen die Volkstanztruppe schon seit vielen Jahren, sie wissen, dass Carla immer Kaffee trinkt und dass Mikis viel Fleisch isst, aber niemals Knoblauch. Mikis spricht fließend Italienisch mit ihnen, ebenso wie mit Carla.

»Woher kannst du das eigentlich?!«

Und so erfahre ich, dass Mikis, dessen Familie teilweise von Korfu stammt, eigentlich mit der italienischen Sprache groß geworden ist: Auf Korfu lebten viele Italiener. Seine beiden Omas waren Halbitalienerinnen, und so haben die Mutter und die beiden Großmütter den ganzen Tag Italienisch gesprochen. »Griechisch habe ich als Kind eigentlich nur mit meinem Vater geredet«, berichtet er.

»Ich möchte aber eigentlich gar nicht, dass du Italienisch mit mir sprichst«, sagt Carla, denn sie will doch Griechisch lernen. Dann schenkt sie Mikis das kleine Schokostückchen, das der Kellner ihr auf die Untertasse ihres Kaffees gelegt hat, und lächelt ihn liebevoll an: »Fünfundzwanzig Jahre kennen wir uns schon«, schwärmt sie mir vor. »Und er ist der beste Freund, den man sich vorstellen kann. Immer ruft er an. Immer kümmert er sich um alle.«

Weil es nur sehr kleine Tische draußen beim Italiener gibt,

sitzen Stavros und Lazaros am Nebentisch. Die beiden sind schon im Rentenalter, aber heute machen sie Quatsch wie die kleinen Jungs: Sie zwinkern sich zu, sie flüstern, sie prusten.

»Wie macht das der Mikis nur, dass ihm die Frauen so zu Füßen liegen?!«, ruft Lazaros zu uns herüber.

»Das liegt am Tanz!«, kontert Carla und wirft den langen, schwarzen Pferdeschwanz nach hinten. »Tanz ist ja immer auch Liebe und Leidenschaft!«

Das war offenbar auch der Grund, warum es zwischen Mikis und seiner spanischen Freundin gefunkt hat: Sie war auch mal Mitglied in seinem Tanzkurs, und nun kann Mikis auch sehr gut Spanisch.

»Die Griechen sprechen sowieso perfekt Spanisch«, sagt Mikis. »Kein anderer Muttersprachler kann die spanischen Laute so gut aussprechen. Das sagt sogar Carmen, und die muss es als Sprachlehrerin ja wissen. Weil – wir haben die ja auch, diese Thhh-Laute. Deswegen lernen die Griechen so perfekt Spanisch. Überhaupt: Wir Griechen sprechen eigentlich alle Sprachen am besten!«

»Pah«, machen die beiden Männer am Nebentisch, die gerade nah genug sitzen, dass sie alles mitbekommen. »Nun hör aber auf!«

»Ja, doch, absolut! Hör dir doch mal die Italiener an, oder die Spanier. Die können ihre Herkunft nie verleugnen, egal, wo sie leben – man hört sie ihnen immer an. Oder die Türken! Was ist das bloß für ein Deutsch, das die Türken sprechen?! Aber die Griechen passen sich überall an!«

Carla spricht allerdings keinen Akzent, sie klingt total deutsch. »Ja, weil sie schon mit sechzehn nach Deutschland kam. Aber die anderen Italiener erkennt man immer am Akzent!«

»Na, na, Mikis«, ruft Stavros herüber. »Du hast aber auch einen Akzent im Deutschen! Das höre ja sogar ich, und ich bin doch selbst Grieche.«

»Und ob ich den habe!«, folgt Mikis' geschmeidige Replik. »Das finde ich sogar gut. Ich mag meinen griechischen Akzent. Soll ruhig jeder hören, dass ich Grieche bin!«

Dann fummelt er an seinem iPhone herum und ruft Fußballergebnisse ab, und dabei fällt ihm etwas ein: »Den Fußball haben übrigens die alten Griechen erfunden. Wusstet ihr das?«

»Das höre ich aber jetzt zum allerersten Mal«, sagt Lazaros.

»Oh doch! Es gibt archäologische Funde, die das nahelegen. Natürlich war es nicht die Art von Fußball, wie er jetzt gespielt wird. Nicht genau das Gleiche. Aber doch die Basis, eine Urform. Also haben die alten Griechen den Fußball erfunden!«

»Jetzt redest du ja schon wie der Portokalis!«, sagt Lazaros, und dann kann er lange nicht aufhören zu lachen. Portokalis ist eine Figur aus dem US-Film *My Big Fat Greek Wedding* – ein Mann, der in jedem Wort eine griechische Wurzel nachweisen will.

An Mikis prallt der Spott aber ab, er ist jetzt wieder ganz beim Fußball, und dann, bevor er ausschaltet, zeigt er mir noch ein Foto: von einer wunderschönen, sehr jungen Frau.

Carmen? Nein, dazu ist sie dann doch zu jung. »Das ist doch meine Tochter! Das neueste Foto von ihr«, sagt Mikis.

»Ohhh, wie hübsch!«, rufe ich, und dann mache ich, ganz automatisch: »*Ftuftuftu!*« Dann zucke ich zusammen. Was habe ich getan?

Mit *Ftuftuftu* – einem angedeuteten Spuckgeräusch – garniert man in Griechenland Komplimente: Das Spucken soll den bösen Blick abwenden. Niemals würde mir in einer deutschen Konversation einfallen, loszuspucken. Aber nun ist es mir einfach so in aller Öffentlichkeit rausgerutscht, quasi aus meinem griechischen Unterbewusstsein heraus, und es ist mir ein bisschen peinlich.

»Immer wenn ich auf Griechisch Komplimente mache, sage ich *Futftuftu*. Wie die alten griechischen Weiber! Wie peinlich!« Mikis aber ist völlig gerührt, er umarmt mich sogar und küsst mich auf beide Wangen: »Das mag ich an dir! Es ist so schön, dass du das machst. So griechisch! Meine Kinder sind nicht so griechisch wie du, obwohl sie auch halb und halb sind.« Er seufzt: »Ja, wenn die Mutter Griechin ist, dann sind die Kinder einfach griechischer.«

Wie bitte? Das hatte ich doch unlängst noch ganz anders gehört: Manolis hatte mir erklärt, dass Kinder aus Mischehen, bei denen der *Vater* Grieche ist, als griechischer gelten.

»Das mag offiziell so sein. Aber ich finde das nicht«, sagt Mikis. »Du bist viel griechischer, denn du hast eine griechische Mama.«

Dann stehen wir alle auf, um zu gehen. Das heißt, die anderen stehen auf. Ich aber plumpse auf den Stuhl zurück, ich habe einen kleinen Krampf im Bein vom vielen Tanzen.

»*Ooooch, pjasika*«, seufze ich, »ich habe mich verkrampft«. Da lachen alle anderen los, und ich verstehe zuerst nicht, warum.

»Du wirst wirklich immer griechischer«, japst schließlich Mikis. »Jetzt jammerst du schon wie die griechischen Frauen. *Pathiasmeni*, leidend. Aber das ist etwas, das brauchst du dir bei uns nicht anzugewöhnen. Also, hopp, hopp, hoch mit dir, die U-Bahn fährt gleich!«

Och und Ach – das griechische (Weh)leiden

Eines steht fest: Die Griechen in meinem Tanzkurs sind alles andere als wehleidig. Sie gehen sogar nach einer Zahn-Extraktion tanzen (Nitsa), mit Halsschmerzen (Popi) und direkt nach dem Verlust ihres Zehennagels (Carla nach dem Unfall mit dem Rollkoffer an Ostern – aber Carla ist genau genommen ja nur Fast-Griechin). Dass sie nie jammern, liegt wohl an der Integration: Sie sind angepasst an deutsche Sitten und haben die griechische Wehleidigkeit abgelegt. Und sie glauben fest an die therapeutische Wirkung des Volkstanzes.

Im Ursprungsland aber existiert das typisch griechische (Weh)leiden noch. Das *pathos*, also das Leiden, wird aus vollem Herzen zelebriert, es ist ein allumfassendes Klagen, und eigentlich sind alle immer ein bisschen leidend.

Frauen aber besonders: Mit dem Eintritt ins Mädchenalter beginnen diese Frauenleiden, eingeleitet meist mit den Lauten *Och* und *Ach*, oder – je nach Stärke der Beschwerden – auch *Ooch* oder sogar *Oooooch*. *Ooch*, meine Füße! *Ach*, mein Rücken, *Aaaach*, mein Kopf. *Ooooch*, ich habe einen Krampf.

Oder auch: *Och, kourastika,* ich bin müde, *taleporithika*, ich bin erschöpft, *salistika*, mir ist schwindlig.

Passend dazu setzt die Griechin, natürlich, eine Leidensmine auf – auch schon mit gesunden siebzehn Jahren. Sogar besonders mit siebzehn: Offenbar handelt es sich um eine Art Initiationsritus auf dem Weg ins Erwachsenenleben, um das allgemein anerkannte Symbol reifer, ausgegorener Weiblichkeit, die im Süden immer auch irgendwie mit Schmerzen assoziiert zu sein scheint.

So viel zu den alltäglichen Schmerzen. Die anderen, außergewöhnlichen und etwas stärkeren, sind dann in der Regel tödlich. Zumindest fast.

Vor ein paar Jahren bekam meine Mutter Besuch von einer ihrer Cousinen. Mama und Tante Despina waren tagelang in den Museen Münchens unterwegs, ebenso wie in den Kaufhäusern, und abends schleppten sie sehr schwer gefüllte Tüten nach Hause und legten die geschwollenen Beine hoch: *Ooooch, kourastika, ta pothia mou,* meine Füße!

Beim Aufstehen am nächsten Morgen aber verspürte Despina ein unvermitteltes Reißen im hinteren Bereich der Brust. Ein Reißen, als sei etwas entzweigegangen, ein Schmerz, der ihr den Atem stocken ließ. Hundertprozentig ein Herzinfarkt!

Alarmiert von Mama, erreichte ich ihre Bettstatt gleichzeitig mit dem Notarzt.

»*Kondepsa na pethano!*«, japste da gerade die Tante.

»Sie wäre gerade fast gestorben!«, übersetzte Mama für den Arzt, der die Augen aufriss und unruhig mit dem Stethoskop hantierte. Da war so ein Schmerz, so unerträglich, dass die Tante ohnmächtig niedersank. Sozusagen.

»Wie lange?«, fragte der Arzt.

»Säääähr lange«, übersetzte Mama. »Und ihr linker Arm ist gelähmt!«

»Aber sie kann ihn doch bewegen!«, brach es aus dem Arzt heraus.

»Ja, aber es kriebelt in den Fingern«, übersetzte Mama. »Alles total gelähmt!«

»Taubheitsgefühl!«, konstatierte der Arzt.

»Nein, gelämmt, gelämmt!«, rief Mama, und »*Ooooch*«, stöhnte Despina, so herzerweichend, dass der Mann schließlich, sicher ist sicher, Tante Despina mit Mama im Krankenwagen ins Krankenhaus bringen ließ, das sie erst nach einigen Untersuchungen mit dem Rezept für eine Voltaren-Salbe verließen: Despina hatte sich den Rücken verrissen, wahrscheinlich durch das Kaufhaustüten-Schleppen.

»Mittelmeersyndrom!«, lautet die kühle Analyse meiner deutschen Freundin Uta, einer Allgemeinmedizinerin, bezüglich übertriebener südländischer Befindlichkeiten. Es gibt also sogar einen Fachterminus dafür! Er beinhaltet, dass »Ich wäre fast gestorben« einfach nur die gefühlvollere Variante der Aussage »Mir geht's nicht gut« ist.

Beunruhigend finde ich dabei nur, dass solch eine medizinische Haltung einer echten Diagnose natürlich hinderlich entgegensteht. Vielleicht winken überall in Deutschland Ärzte einfach nur ab, wenn ihre türkischen, griechischen, spanischen oder albanischen Patienten und Patientinnen tatsächlich einmal mit dem Tode ringen. Und so birgt die Migration so einige noch unerforschte Risiken.

Die griechische Überreaktion bei eigenem kleinem Unwohlsein übrigens ist noch gar nichts gegen die nackte Panik, wenn bei den Kindern (oder Enkeln) ein kleiner Infekt, gar ein Fieber ausbricht. Beim leisesten Anzeichen bereits wird der Nachwuchs beim Pädiater vorgestellt, besser noch: in der Ambulanz des nächsten Krankenhauses. Denn man weiß ja nie.

Eine einzige ärztliche Meinung reicht dabei oft nicht aus, um die besorgten Gemüter zu beruhigen: Meine eigene Mutter hat mir bereits diverse Male Szenen gemacht, weil ich nicht bereit war, mit meinen Kindern statt nur eines Kinderarztes gleich mehrere hintereinander zu konsultieren: »Du biest verantwortungsloss! Geh und frag noch einen Arzt! Es kann doch nicht schaden, auf Nummär sicher zu gähen.«

»Aber Mama, es ist doch nur ein Schnupfen.«

»Nur Snupfen? Das Kind bekommt keine Luft mähr!!! Ich verstehe nicht, warum dein Arzt dagegen keine Antibiotika verschreibt!« In Griechenland werden offenbar sehr oft Antibiotika verschrieben.

Damit es gar nicht erst so weit kommt, werden Kinder in Griechenland geschont. Während bei uns die Einstellung vorherrscht, dass Kinder bei möglichst viel Bewegung an der frischen Luft besonders gut gedeihen, sorgen sich griechische Mütter immer noch, ihr Kind könne zu viel draußen herumtoben und sich dabei so verausgaben, dass es krank wird. »Komm endlich rein und ruh dich aus!«, hört man griechische Mütter oft ihren Nachwuchs ausschimpfen. Auch besteht eine permanente Angst davor, der oder die Kleine könnten sich verkühlen. Junge, moderne Mamas versuchen zwar, sich davon einigermaßen frei zu machen. Doch nur, soweit es die Großeltern zulassen.

»Haben die Jungs denn gar kein *fanelaki*, kein Unterhemdchen, unter dem *T-Shirtzaki*, dem T-Shirtchen?«, fragte diesen Sommer mein Onkel meine Cousine in strengem Ton. Anna zuckte ertappt zusammen.

»Nein, kein *fanelaki!*«, sagte der Onkel, nachdem er einem seiner siebenjährigen Zwillings-Enkel den Rücken abgetastet hatte.

»Ich dachte … weil es doch so heiß ist!«, stammelte Anna und fühlte sich wie eine schlechte Mutter.

»Jaaa, hier ist es heiß, und sie schwitzen«, sagte der Onkel.

»Wenn sie aber nun aufstehen und in die Zugluft geraten und kein *fanelaki* unter dem *T-Shirtzaki* tragen – das kann ganz böse ausgehen!«

Zugluft! Zugluft ist für Griechen der Inbegriff von Lebensgefahr, sie scheint direkt aus der Hölle zu kommen und fegt einen blitzschnell ins Krankenhaus. Zugluft ist nämlich nicht nur einfach ein Windhauch, sondern die Verbündete der *pnevmonia*, Lungenentzündung. Wenn irgendwo Zugluft entsteht, bläst sich vor dem griechischen inneren Auge bereits das Sauerstoffzelt überm Krankenhausbett auf.

Umso rätselhafter, dass überall in Griechenland permanent die *erkondission* (Air-Condition), also die Klimaanlage bläst. Besonders eisig ist sie in den Aufenthaltsräumen der modernen Fähren eingestellt: So kalt, dass einem sogar eingewickelt in Badehandtücher, und was man sonst noch im Gepäck findet, die Zähne klappern, während man den eigenen Atemwolken hinterherblickt, die sich an den Fenstern zu Eiskristallen verdichten – na ja, fast.

»Warum zum Teufel müssen sie die Klimaanlage denn immer so eiskalt stellen!«, beschwerte ich mich unlängst in dem kleinen Reisebüro auf meiner Lieblings-Urlaubsinsel.

»Keine Ahnung, warum sie das machen«, stöhnt Maria, die Besitzerin des Reisebüros. »Aber: Hast du schon mal eine Kabine genommen? In der Caféteria in den Fähren mag es nämlich kalt sein, aber in den Kabinen ist es eisig wie in der Arktis! Und darin musste ich vor zwei Wochen mit meinem kleinen kranken Sohn nach Athen reisen.«

Eine alte Verwandte Marias sitzt ebenfalls gerade auf einen Plausch im Reisebüro, und bei den Stichworten »Sohn« und »krank« richtet sie sich alarmiert auf.

»Aber was sollte ich machen, ich musste nun mal nach

Athen. Und unser Arzt sagte: Das Fieber wird so oder so drei Tage anhalten – ob du nun fährst oder nicht!«

»Du hast den Jungen mit Fieber auf die Fähre mitgenommen?!« Die alte Verwandte stutzt und reißt die Augen auf.

»Ja, mit 39,2 Grad. Was sollte ich tun?!«, sagt Maria.

»39,2 Grad!«, stöhnt die Verwandte. »*The mou!* Mein Gott!«

»Und ich gebe ihm auch nie fiebersenkende Mittel!«, sagt Maria mit trotzigem Blick auf die alte Dame vor ihr. »Ich verlasse mich da ganz auf meinen Arzt, der sagt, man muss auf die heilende Wirkung des Fiebers vertrauen.«

»Kein Fiebermittel? Bei 39,2 Grad?!« Die Alte bekreuzigt sich.

»Genau!«, sagt Maria, nun noch etwas trotziger. »Damit bin ich immer gut gefahren.« Sehr wahrscheinlich muss ihr Sohn bei 35 Grad im Schatten auch kein *fanelaki* tragen.

So hat offenbar bei manchen ein Umdenkprozess stattgefunden, und wahrscheinlich wächst nun eine air-condition-gestählte junge griechische Generation heran, Spartaner der Moderne, von denen später nicht das kleinste Ach und Och zu hören sein wird!

Tante Despinas Herz schlägt übrigens nach wie vor infarktfrei, und als sie vor zwei Jahren das erste Mal tatsächlich echte Gesundheitsprobleme hatte – sie musste sich einer Hüft-Operation unterziehen –, genas sie zu meiner Verblüffung recht schnell und war vier Wochen später schon wieder ganz munter auf den Beinen. Um der Wahrheit gerecht zu werden: Ich habe in Griechenland eigentlich kaum jemanden erlebt, der sich beklagt, wenn er eine wirklich ernsthafte Erkrankung hat. Meine blinde Großmutter, die über nebensächliche Zipperlein gern lamentierte, hat über ihre ernsten Augenprobleme niemals ein Wort verloren und sich diesbezüglich einfach tapfer durchgeschlagen. Wahrscheinlich jammern in Griechenland nur die Gesunden!

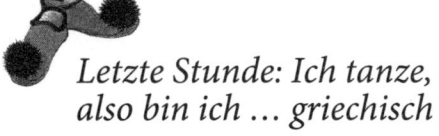 *Letzte Stunde: Ich tanze,
also bin ich ... griechisch*

Im Sommer fallen in München Unmengen von Touristen ein, man hört Arabisch, Englisch, Spanisch, Italienisch. Ich aber höre plötzlich andauernd Griechisch. Bei H&M, im Sushi-Laden, in der U-Bahn. Die Wirtschaftskrise scheint die Griechen offenbar nicht vom sommerlichen Städtetrip abzuhalten. Wo auch immer ich mich hinbewege – es sind Griechen anwesend.

Nicht alle sind Touristen. Die Münchner sind plötzlich auch sehr oft Griechen. Zum Beispiel die Kioskbesitzer im Schwimmbad. Jahrelang hatte ich das gar nicht bemerkt.

Oder auf dem Spielplatz: Links vom Eingang sitzen da immer die türkischen Mütter und Omas und unterhalten sich. Erst jetzt bemerke ich, dass sie gar nicht alle Türkinnen sind.

Es ist der Tag, an dem Katherina zwei wird: Ihre griechische Mama lädt alle Kleinkinder in der Buddelecke auf Kekse und Gummibärchen ein und wandert mit den geöffneten Tüten über den Spielplatz. »*Oriste, oriste,* bitte schön«, sagt sie zu den türkischen und den deutschen Mamas, und: »Nimmst du Gumibähre für deine Öselm, und du für deine Anton, nimmst du, nimmst du!«

Und so geht es weiter: Die Dame am Schalter in der Stadtbücherei heißt Eleni Pavlidou und hat einen weißblonden Bubikopf – aber tiefschwarze Augen. Der Schalterbeamte bei der Post trägt ein Namensschild mit der Aufschrift: A. Katzimandis. Und in der Krankengymnastik behandelt mich Sokratis Neumann.

»Halb und halb?«, frage ich.

»*Tu*«, macht er, »nö – *ekato tis ekat*, hundertprozentig Grieche.« Er hat nur den Namen seiner Ehefrau angenommen, weil Koutsothanasis für die Deutschen so schwer auszusprechen war.

Dann kommt meine Tochter aus der Schule und kann plötzlich auf Griechisch bis zwanzig zählen. Gelernt hat sie das von einer albanischen Klassenkameradin – die war zufällig früher im griechischen Kindergarten. Schließlich sieht mein fast erwachsener Sohn mit seinem Freund zu Hause *Pulp Fiction*, und einen Moment lang denke ich, sie hören *laika tragoudia* – griechische Volkslieder. Kann nicht sein.

Griechischer Verfolgungswahn?

Es handelt sich tatsächlich um griechische Musik: Das Stück, mit dem Tarantinos Film hinterlegt ist, heißt *Misirlou* und ist eine in den USA entstandene Mixtur aus griechischen Volksweisen. Natürlich kenne ich den Film auch, doch früher war mir das nie aufgefallen.

Früher … da kannte ich ja auch noch nicht den Tsamikos, konnte keinen Kalamatianos und keinen Syrtos. Ich hatte keine Ahnung, was Sousta ist, nämlich ein Tanz, der vornehmlich auf den Dodekanes-Inseln getanzt wird, mit sehr kleinen federnden Schrittchen.

Ich wusste allerdings, was *simbetheres* sind – das ist nämlich die Bezeichnung der Verwandtschaftsbeziehung der beiden Schwiegermütter (*petheres*) eines Paares, für die im Deutschen kein eigener Begriff existiert. Aber ich hatte keine Ahnung, dass es sogar einen gleichnamigen Tanz gibt. Er stammt aus Makedonien, ist ein Hochzeitstanz, traditionell ausgeführt von den Schwiegermüttern. Jetzt kann ich ihn sogar tanzen, es ist ein hüpfender, schneller Tanz.

Außerdem dachte ich tatsächlich, zur Rembetiko-Musik tanze man »Rembetika«. Tatsächlich tanzt man dazu beispielsweise den Zeibekiko, und zwar tanzen ihn die Männer: mit ausgestreckten Armen und lässigen, etwas schleppenden Bewegungen.

Und wenn meine alte Großmutter, die Yiayia, früher zum Spaß für uns Kinder die Arme hob und uns etwas vortanzte, dann dachte ich bis vor kurzem, es hätte sich bei ihrem Tänzchen um eine Art Bauchtanz gehandelt, den sie vielleicht in ihrer Kindheit in Kleinasien, also der heutigen Türkei, gelernt hatte. Tatsächlich tanzte sie aber einen ganz und gar korrekten griechischen Tsifteteli. Sieht aus wie Bauchtanz, nur ohne Bauchgewackel – stattdessen bewegen sich eher der Oberkörper und die Füße.

Und noch etwas: Der Tanz, den ich für mich selbst immer Touristen-Sirtaki nannte, ist gar kein Touristen-Tanz, sondern einfach der Chasapikos, den in Griechenland jedes Kind kennt. Der wurde ursprünglich von der Metzgergilde aufgeführt und stammt aus dem alten Byzanz.

Also konnte ich den Chasapikos praktisch schon immer. Was ich nun ebenfalls beherrsche: wenn dieser Tanz mittendrin plötzlich sehr schnell und hüpfend und manchmal mit anderen Schritten ausgeführt wird. Dann nennt man ihn Chasaposervikos.

Ich kann sogar den echten Sirtaki. Na ja, »können« ist vielleicht übertrieben: Ich habe ihn jedenfalls schon viele Male probiert. Mikis tanzt ihn besonders gern. Dazu stellt er sich mit dem Rücken vor uns auf, und wir machen ihm alles nach.

Zum Glück ist er immer ganz vertieft in den Tanz und blickt sich nicht um, sonst würde er bemerken, dass ich meinen Sirtaki alles andere als korrekt wiedergebe: Das ist meine Art der Im-pro-vi-sa-tion!

Was ich also nicht alles gelernt habe in meinem griechischen Frühling und Sommer mitten in München! Nur meine griechischen Sprachkenntnisse haben sich null verbessert. Kein Wunder!

Anruf von Mikis: »*Ella tin ali fora ligo noritera, na pame* Biargarten, feiern! Weil: *Tora tha pame oli* Sommerferien, *ke then tha idothoume mechri to* Herbst. Letzte Stunde! *Filakia, filakia!* Komm nächstes Mal ein bisschen früher, damit wir in den Biergarten gehen können, feiern! Weil: Jetzt gehen wir alle in die Sommerferien, und dann sehen wir uns bis zum Herbst nicht. Letzte Stunde! Küsschen, Küsschen!«

Antwort: »*Ti orea!* Wie schön! Ich freue mich! Auch *filakia!*«

Mischimaschi. Wie immer!

Biergarten also – diesmal wirklich. Das ist das Ritual, mit dem sich der Tanzkurs vor der Sommerpause voneinander verabschiedet.

»Aber zuerst tanzen wir ein bisschen!«, sagt Mikis natürlich. Und: »Wir haben heute Besuch: Das ist Artemis. Sie lebt auf dem Peloponnes, aber sie stammt aus Athen. Wie deine Mutter.«

Lazaros zieht mich zur Seite: »Ja, ja, diese Athener«, sagt er. »Die machen eine große Sache daraus, dass sie aus Athen kommen. Was soll daran besonders sein?«

»Ich weiß es auch nicht«, antworte ich.

»Vor hundert Jahren oder so war Athen auch nur ein Dorf. Oben war die Akropolis, aber darunter sind damals die Ziegen herumgelaufen. Und die Bauern. Das waren auch alles nur Ziegenhirten und Bauern, die Athener!« Er zwinkert mir zu. »Oh ja – das ist gar nicht lange her. Und nun meinen sie, sie sind was Besseres.«

»Tja, so sind sie, was soll man machen«, sage ich, und wir lachen.

Artemis ist eine zierliche, hübsche Rothaarige in einem hellen Leinenkleid, und sie tanzt sehr gut. Plötzlich aber bricht sie aus der Reihe aus, geht zu Markos und kneift ihn kurz liebevoll in die Wange – sie muss sich nach oben strecken, weil Markos so groß ist.

Markos lächelt geduldig.

»Ich traue meinen Augen kaum«, sagt sie. »Wie du tanzt!«

»Ich habe dir ja schon am Telefon gesagt, dass ich jetzt in den Kurs gehe«, sagt Markos.

»Ja, ja – aber es ist etwas ganz anderes, es mit eigenen Augen zu sehen!«

Artemis ist Markos' Mutter. (Und natürlich – fast überflüssig, es zu erwähnen: Sie sieht gar nicht aus, als hätte sie schon so einen großen Sohn.)

Zur Feier des Tages tanzen wir lauter alte Sachen, die alle bereits beherrschen – alle außer mir. Aber ich bin es ja schon gewöhnt, mich anzupassen.

Extra für mich lernen wir dann auch noch einen Hochzeitstanz aus Symi, denn da war ich schon mal im Urlaub. »Dann weißt du jetzt auch, was dort so getanzt wird«, sagt Mikis.

Es ist nur fast zu heiß zum Tanzen. Wir packen uns an den Händen und schwitzen. Wir packen noch fester, damit wir nicht auseinanderglitschen. Und schwitzen noch mehr. Die Fenster sind natürlich nur angelehnt.

Dann fassen wir uns um die Schultern. Lazaros' Schulter unter dem kurzärmeligen Hemd verfärbt sich gleich dunkel. Auf Panajotas nackter Schulter bildet sich eine kleine Schweißpfütze.

»Tut mir leid«, sage ich. »Es ist einfach so heiß.«

»Macht nichts«, meint Panajota. »Aber vielleicht können wir jetzt mal was Freies tanzen.«

»Im-pro-vi-sa-tion!«, sagt Mikis und legt Rembetika auf. Und wir schwanken lässig durch den Raum und improvisieren, drehen uns, schlenkern die Beine. Aber dann stehen Panajota und Nitsa plötzlich in einer Ecke und plaudern mit Maria, die ihre Krücken abgelegt hat und auch wieder da ist.

Takis und Stavros stellen sich dazu, dann Artemis. Vicky holt gefüllte Wassergläser aus der Teeküche. Lazaros und Alexis krempeln ihre Ärmel hoch. Markos krempelt auch noch seine Hose bis zu den Knien auf und tupft sich das Gesicht mit einem Tempotaschentuch ab. Und ich öffne die Fenster.

Schließlich tanzen nur noch Carla und Mikis, da hat er endlich ein Einsehen: Aufbruch zum Biergarten!

Ich gehe neben Maria her, und sie erzählt mir, wie sie Griechisch gelernt hat: »Nicht von meinem Mann. Dazu war er ein bisschen zu faul«, lacht sie. Sie hat Sprachkurse belegt. Und dann hat sie mit griechischen Freundinnen Unterricht für griechische Kinder ab zehn Jahren organisiert. Schließlich konnte sie selbst perfekt Griechisch.

»Warum haben deine Kinder eigentlich keine griechischen Namen?«, fragt sie mich.

»Das kommt daher, dass die Namen in unserer griechischen Familie nicht so schön sind«, erkläre ich. »Meine Yiayia zum Beispiel hieß Efstratia!« Das ist die weibliche Variante eines altmodischen Männernamens, und sie war immer unglücklich über diesen Namen. »Darum sagte sie zu ihren Kindern: Wehe, ihr nennt meine Enkelkinder nach mir – das könnt ihr keinem antun! Deswegen habe ich auch ihre Urenkel nicht nach ihr benannt. Aber ich heiße Stella nach meinem Pappous Stelios.«

»Früher hat man den Töchtern oft Männernamen gegeben«, erklärt Alexis. »In manchen Gegenden nennt man die Frauen sogar nach dem Ehemann.«

»Ist das nicht überall so?!«, lache ich.

»Du meinst den Nachnamen. In manchen Orten nennt man die Frauen aber nach dem Vornamen des Mannes. Wenn einer Georgos heißt, sagt man Georgina zu seiner Frau.«

»Das habe ich auf der Insel meines Mannes auch schon erlebt«, erzählt Nitsa. »Da rief plötzlich jemand: ›*Yassou, Kyria Jerasimina*‹. Aber da war nur ich, Nitsa. Ich dachte mir – mit wem spricht der Mann denn?! Aber er meinte wirklich mich: Mein Mann heißt nämlich Jerasimos.«

Im Biergarten teilen sich Takis und Mimi eine Schweinshaxe mit Knödeln und Nürnberger mit Sauerkraut.

»Beim Essen habt ihr nie Streit«, sagt Mikis.

»Das Essen ist nicht unser Problem, da sind wir uns einig«, sagt Mimi.

»Die Probleme beginnen, wenn man satt ist«, lacht auch Takis. »Mit leerem Magen hat man keine Lust zu streiten.«

»Wie geht's deiner Mutter?«, erkundigt sich Mikis bei Artemis. Er kennt sie, denn Artemis und er waren ja mal ein Paar. Die beiden waren ja auch zusammen in Salzburg, mit fünf Mark in der Tasche, damals, in den Siebzigern. »Heute bin ich an der Stelle in Ramersdorf vorbeigekommen, wo wir damals getrampt haben«, sagt Artemis, und da blicken beide träumerisch in die Ferne.

Der Mutter jedenfalls geht's gut, und Artemis auch. »Ich bin ja jetzt auch im Ruhestand«, erzählt sie, »deshalb bringe ich oft ihre Rente von der Bank mit, wenn ich mir meine hole. Wir sind jetzt beide Rentnerinnen.« Nach wie vor holen in Griechenland alle ihre Rente am Bankschalter ab und zahlen auch das Geld für ihre Strom- und die Wasserrechnung eigenhändig ein – Daueraufträge sind immer noch unüblich.

Mikis nickt und lächelt. »Grüß sie bitte von mir!« Und: »Hast du noch die Swatch-Uhr, die ich dir mal geschenkt habe?«, fällt ihm ein.

»Ja, die liegt im Hühnerstall. Weil das Armband kaputt ist. Da liegt sie, damit ich im Hühnerstall nicht die Zeit vergesse.«

»Was macht man denn so lange im Hühnerstall?«, wundert sich Mikis, der noch nie auf dem Land gelebt hat.

»Ach, da war beispielsweise mal ein Hahn, der konnte nicht richtig krähen. Da habe ich es ihm vorgemacht. Den ganzen Tag. Auch vom Balkon aus.«

»Du stehst auf dem Balkon und krähst?!«

»Klar! Irgendwann konnte er es dann endlich.«

»Und was ist aus ihm geworden?«, fragt Popi.

»Na, Grillhähnchen ist aus ihm geworden!«, sagt Artemis, und Popi lacht Tränen und drückt sie an sich. »Du bist noch genauso, wie du immer warst!«

»Wie ich dich kenne, hast du sicher alles in deiner Umgebung durchorganisiert, bist mit den Lokalpolitikern auf Du und Du, und …«, sagt Mikis, denn in Deutschland war Artemis sehr engagiert – etwa im Griechischen Haus, wo es Frauengruppen und Bastelgruppen und Kulturabende gibt.

»Nein, ich kenne dort niemanden und will auch niemanden kennen lernen«, sagt sie. »Die Leute dort auf dem Peloponnes sind träge, die lassen sich nicht mitreißen.«

»Erstaunlich – auf den Inseln ist kulturell viel los!«, sagt Popi.

»In Nordgriechenland auch«, sagt Alexis.

»Ich weiß, aber bei uns geht gar nichts, ich hab's versucht, glaubt mir. Da bewegt sich nichts. Dafür bekommen wir jetzt einen Golfplatz – total exklusiv. Aber nicht für uns. Ein High-Society-Golfplatz mit Hotelanlage soll es werden, nur für Promis. Eine Frechheit das Ganze!«

»Sei doch nicht so«, meint Mikis. »Es macht doch Sinn, wenn investiert wird und die Gemeinde davon profitiert. Da können die Leute aus der Gegend Arbeit finden.«

»Damit ist niemandem von dort geholfen. Es soll nämlich nur Personal von den Philippinen eingestellt werden. Die Griechen hätten angeblich schlechte Hotelfachschulen und keine ausreichende Ausbildung. Der blöde Golfplatz bringt uns gar nichts, und die Promis, die sie damit anlocken wollen, gehen mit Sicherheit immer nur im Hotel schick essen und verirren sich kein einziges Mal runter ins Dorf in die Tavernen. Wenn überhaupt welche kommen. Und was das alles an Wasser kostet! Auf dem Peloponnes ist es doch so trocken.«

»Auf Kerkira gibt es auch viele Golfplätze, aber da macht das Sinn: Dort gibt es Wasser, und alles ist grün!«, sagt Mikis. »Deswegen fahre ich da auch nie hin, obwohl ein Teil meiner Familie dort herkommt. Ich hasse Grün! Ich mag schöne, karstige, heiße Orte, da gefällt es mir. So wie auf den Kykladen. Deswegen gehe ich jetzt ja auch nach Syros!«

»Dann brauchen wir bald einen neuen Tanzlehrer«, sagt Takis, doch alle wissen: Ohne Mikis wäre es nicht dasselbe.

»So etwas wie diesen Kurs, das gibt's eigentlich gar nicht«, sagt Artemis. »Der ist eine echte Institution. Ich glaube, ich mache mal einen Film darüber: einen schönen Dokumentarfilm. Und zwar ganz bald, bevor Mikis nach Syros geht.« Artemis hat nämlich früher beim Bayerischen Rundfunk gearbeitet, der bis vor ein paar Jahren auch ein griechisches Kulturprogramm sendete. »Der Titel soll sein: *Chorepsete, chorepsete, min xafanistite* – tanzt, tanzt, sonst verschwindet ihr!«, sagt Artemis.

In abgewandelter Formulierung gilt das auch für mich: Solange ich tanze, bin ich … griechisch!

In meinem deutschen Alltag gibt es ja nun den festen griechischen Dienstag. Dann tanze ich nicht nur griechisch, sondern spreche auch griechisch (viel lauter als sonst), lache griechisch (ebenfalls nicht gerade leise), jammere griechisch (*ooch* und *aach*), umarme und küsse griechisch (viel öfter als sonst). Und esse griechisch (zumindest an den Abenden, an denen wir bei Kyria Niki am Tisch sitzen).

Mittlerweile denke ich sogar griechisch!

Was den Inhalt angeht, denke ich zwar nach wie vor wie immer. Doch dienstagnachts, wenn ich mich von den anderen verabschiedet habe und allein zu Fuß von der U-Bahn-Station nach Hause gehe, formulieren sich die Gedanken in meinem Kopf nicht in deutscher, sondern in griechischer Sprache. Das habe ich schon am Ende langer Griechenlandurlaube erlebt – in Deutschland aber noch nie.

Einmal habe ich sogar griechisch geträumt. Genau kann ich mich an den Traum nicht mehr erinnern, ich weiß aber noch, dass die Worte »*filakia, filakia*« darin vorkamen. Küsschen, Küsschen – direkt aus meinem griechischen Unterbewusstsein.

»Nächstes Ostern müsst ihr mich alle mal besuchen kommen! Dann machen wir auf dem Dorfplatz ein großes Tanzfest, drei, vier Tage lang!«, sagt Artemis. »Ich habe nämlich um die Zeit Geburtstag. Das soll mein Geburtstagsfest werden!«

»Wann ist denn nächstes Jahr Ostern?«, fragt Nitsa.

»Keine Ahnung!«, sagt Artemis. »Aber auf jeden Fall machen wir dann unser Fest auf dem Peloponnes. Nun müssen wir nur noch herausfinden, wann Ostern ist!«

»Och, pädia!«, seufzt Mikis. »Ihr seid mal wieder so was von typisch griechisch!«

»Ostern kann ich leider nicht«, sagt Takis. »Da feiere ich mit meinen Kindern.«

»Kinder? Welche Kinder?«, sagt Popi. »Die sind doch schon längst erwachsen, deine Kinder.«

»Egal. Solange meine Kinder Ostern mit mir feiern wollen, feiern wir Ostern bei mir. Deswegen kann ich nicht«, sagt Takis.

»Ich weiß immer nicht – hast du zwei oder drei Kinder?«, fragt Nitsa.

»Zwei. Und eine Tochter«, sagt Takis und lacht über seinen eigenen Witz.

»Wenn meine Tochter mich hören würde, die würde mir den Kopf abreißen. Aber weißt du«, er wendet sich an mich, »in manchen Gegenden spricht man wirklich so. Denn *pädia*, also Kinder, heißt ja auch Jungs.«

Als er sich beruhigt hat, sagt er noch: »Und übrigens haben wir jetzt auch noch ein Enkelkind!«

So plötzlich? Ich blicke Mimi erstaunt an.

»Oh ja!«, sagt sie.

»Es ist noch sehr klein, und es heißt Bully«, sagt Takis.

»Bully? Das ist aber auch kein griechischer Vorname«, wende ich ein.

»Aber der Name passt perfekt. Zumindest wenn man am ganzen Körper schwarze Haare und vier Beine hat!« Bully ist ein Labrador-Welpe.

»Zuerst wollte Mimi kein Tier im Haus, weil Tiere ja Schmutz machen. Aber mittlerweile darf er sogar bei uns im Bett schlafen!«

Mimi zuckt mit den Schultern. »Na und. Er ist soooo süüüüß. Als Alexis (ihr jüngerer Sohn) ihn mitbrachte, da stand er so einsam da, der kleine Hund, und stellt euch vor: Er hat geweint! Er hat richtig geweint, wie ein Baby.« Da hat Mimi ihn adoptiert, und nun haben Takis und Mimi eine Menge damit zu tun, dem kleinen Bully Auslauf zu verschaffen und ihn zu erziehen, deswegen sind sie äußerst gut gelaunt und miteinander sehr friedlich.

So sitzen wir noch lange. Es ist eine laue Nacht, an den Nebentischen haben sich die Bänke bereits gelichtet (vielleicht waren wir auch etwas laut), und Mikis holt uns allen noch eine Runde Radler vom Stand. Takis und Mimi bekommen noch Appetit auf Obazten und bringen für Stavros und Lazaros auch noch eine Portion mit. Artemis erzählt weiter vom Peloponnes, Alexis von den gesalzenen Preisen in Thessaloniki. (»Da hat der Kaffee letztes Jahr schon vier Euro fünfzig gekostet! Das zahlt man hier nicht mal in der Maximilianstraße!«) Popi hüllt Vicky in ihren türkisfarbenen Pashmina-Schal, denn sie hat es heute ein wenig im Rücken, Nitsa hat mir den Arm um die Taille gelegt, und wir schmieden Pläne: von dem Dokumentarfilm und von der Reise auf den Peloponnes an Ostern, von Syros und den Tanzfestivals in Mikis' Garten im zukünftigen Haus am Meer.

Plötzlich springt Mikis auf und will noch mal tanzen. Mitten im Biergarten. »Da werden die Leute ganz schön schauen, wenn wir hier loslegen!«

»Das wäre lustig!«, sagt Takis. »*Afto tha 'tan* lustig!« Mikis hat sein ganzes Equipment dabei, aber dann lassen wir es doch – er bekommt die Verstärker-Boxen nicht angeschlossen.

Und dann gehen wir auseinander. Lazaros will die Freizeit auf Zakynthos und auf Rhodos verbringen, Mikis auf Syros und in Athen, Stavros geht ein paar Wochen zum Jagen in sein Dorf bei Drama, Panajota fährt nach Kalamata, Nitsa nach Chalkidiki und so weiter. Und mich zieht es für ein paar Wochen auf meine Lieblingsinsel, wo es jedes Jahr ein Tanzfest gibt: Daran möchte ich diesmal teilnehmen. Wenn ich mithalten kann.

»Bestimmt!«, macht Mikis mir Mut. »Und im Herbst bist du wieder dabei, oder?«

Im Herbst, nach dem Oktoberfest, wenn in der Stadt wieder Ruhe einkehrt und alle zurückgekehrt sind, werden wir uns wieder treffen und den neuerlichen Kursstart bei einem Abendessen in einem griechischen Restaurant feierlich begehen. Mikis wird einen ordentlichen Lammbraten verspeisen, Takis und Mimi werden von demselben Teller picken und sich gegenseitig necken. Manolis wird seine neue deutsche Freundin mitbringen (blond und wesentlich jünger als er), Popi wird jeden abküssen und strahlen, Stavros und Lazaros werden ihre Witze reißen und Mikis aufziehen. Ein paar Leute, die früher im Kurs waren, werden auch dabei sein, und ein paar neue, die nun anfangen wollen. Und Nitsa und Carla und Vicky wird es kaum auf ihren Plätzen halten, wenn die Musik losgeht: Es handelt sich nämlich um ein Lokal mit Live-Musik. Meine ganze griechische *parea*, Clique, wird versammelt sein, und am Dienstag darauf machen wir dann wieder Ernst mit dem Kurs in Mini-Griechenland im Münchner Westend im zweiten Stock mit Eichenparkett auf dem Boden und Inselszenen an den Wänden. *Chorepsete, chorepsete, min xafanistite.*

Das würde ich nie verpassen wollen: »Auf jeden Fall bin ich dabei!«, sage ich.

»Also dann – schöne Sommerferien«, sagt Mikis. Und: »*Filakia, filakia!*«

Parea – Wahlverwandtschaften

Parea bedeutet Gesellschaft, aber auch Freundeskreis. Wenn zwei sich treffen und sich verstehen, sagt man: *Kanoune parea* – sie »machen« Gesellschaft.

Im Süden, so heißt es, sind die Familienverbände viel stärker als Freundschaftsbande. Die Griechen haben aber trotzdem zusätzlich zur Familie eine große *parea*, und sie machen schnell *parea* miteinander. Sie sitzen nicht erst ein paar Monate oder Jahre lang reserviert nebeneinander im Büro, bevor sie das erste Mal gemeinsam ein Bier trinken gehen. Sie stecken sofort die Köpfe zusammen und lästern über den Chef, und nach zwei Wochen wirken sie so vertraut miteinander, dass man als Deutscher schwören würde: Die kennen sich schon seit Jahren.

Das Du bietet man sich in Griechenland gar nicht erst an – man benutzt es nach dem dritten Satz ganz automatisch. Und wenn man sich eine Zeitlang geduzt hat, dann nimmt man sich bald auch in den Arm und küsst sich zur Begrüßung.

»Bei euch gibt man sich die Hand. Aber manche küssen sich auch. Deswegen weiß ich nie, wie ich mich in Deutschland verhalten soll«, sagt mein Onkel Michalis. »Darf ich nun küssen oder nicht?«

»Klar darfst du. Wir Deutschen küssen uns mittlerweile auch alle zur Begrüßung, schon seit Jahren. Das haben wir importiert.«

»Ich kann also deine Freundin Uta nächstes Mal küssen, das gehört sich jetzt?« Uta und Michalis haben sich einmal kennen gelernt, als sie mich beide gleichzeitig im Urlaub besuchten.

»Auf jeden Fall!«

»Uta ist aber eine Frau. Was ist mit deutschen Männern. Darf ich die küssen?«

Ich muss lachen. »Das ist vielleicht keine so gute Idee …«

»Verstehe, dann denkt man, ich wäre … nein, ich dachte es mir doch: Deutsche Männer küsst man lieber nicht.« In Griechenland aber küssen sich auch die Männer oft zur Begrüßung und zum Abschied.

Es gibt natürlich nicht nur *kali parea*, gute Gesellschaft oder *efcharisti parea*, angenehme Gesellschaft, sondern auch *kaki parea* – schlechte Gesellschaft. Über die schimpfen die Mütter immer, wenn ihre Söhne zu lange ausgehen und betrunken nach Hause kommen: Daran sind nie die Söhne selbst, sondern grundsätzlich die *kakes parees* schuld.

Ansonsten aber ist *parea* ein rundum positiv besetzter Begriff, »Wallverwandtschaften« nennt sie Vicky aus dem Kurs. »Die sind vielleicht sogar wichtiger als die Familie: weil man sie ja selbst auswällt.«

Das würde auch mein Onkel voll unterschreiben: »Ohne *parea* wäre das Leben nichts!«

Tanz auf der Insel

D*as* riesige Eisenmaul der großen Autofähre öffnet sich und gibt ein Bild frei wie aus einem Traum: so ruhig und beschaulich und pittoresk und romantisch illuminiert, dass man es kaum glauben mag. Mit langen Betrachtungen kann ich mich aber nicht aufhalten, wir müssen nach draußen, mit all dem Gepäck, schnell, furchtbar schnell. Die Klappe geht gleich wieder zu, und wenn das passiert, fahren wir unfreiwillig weiter bis nach Karpathos. Abenteuer Urlaub.

Doch es glückt, und dann stehen wir da, mitten in der Nacht auf der ruhigen Mole. Die Fähre, die viel zu groß erscheint, um in der kleinen Bucht manövrieren zu können (was wie ein Wunder dennoch jedes Mal gelingt), hat schon wieder abgelegt und ist nur noch ein hell erleuchteter Gruß, wie ein Ufo aus einer anderen Galaxie. Wir sind angekommen!

Wie jedes Mal reibe ich mir die Augen und kann den schönen Inselanblick kaum fassen: all die hübschen pastellfarbenen Häuschen, die ihre Lichter aufs Wasser werfen, und die winzigen Fischerkähne, die auf den Wellen tanzen. Die eine oder andere Taverne ist noch geöffnet, klimpernde Musik und leises Lachen erklingen auf dem Landungssteg. Morgen früh wird alles in gleißendem Sonnenlicht erstrahlen, und durch das tiefe Wasser wird man bis ganz unten auf den Grund blicken können, weil das Meer selbst hier im Hafen so klar und sauber ist. Da werde ich gleich nach dem Aufstehen zum ersten Mal kopfüber hineinspringen!

Inseln gibt es in Griechenland, die sind fast zu schön, um wahr zu sein. Meine kleine Lieblingsinsel auf den Dodekanes ist nur eine davon, und sie hat ihren ganz eigenen Charme: Neben dem hübschen Hafenort gibt es noch ein Kloster im Inselinneren und eine alte Kreuzritterburg. Außerdem gibt es zwei Strände: einen kleinen mit Sand und einer kleinen Taverne, da führt sogar ein prächtiger Steinboulevard hin, die Tarpon Springs Avenue. Nach Tarpon Springs in Florida sind nämlich viele Inselbewohner einst ausgewandert, als die griechischen Schwammgebiete abgeerntet waren, um dort ihrem Metier nachzugehen. Heute gibt es auch in Florida keine Schwämme mehr, aber wenigstens haben die zu Wohlstand gekommenen Auswanderer ihrer alten Insel die Prachtstraße spendiert.

Es gibt auch einen kleinen Strand mit Kieseln und einer weiteren kleinen Taverne, die einem brummigen älteren Herrn gehörte. Nun ist er verschwunden, an seine Stelle ist ein sehr fröhlicher, sonniger Herr getreten. Doch das ist derselbe Mann! Die Wesensveränderung bewirkt ein kleines Mädchen, das er stolz durch das Lokal trägt. Er füttert die Kleine mit Eis, inspiziert mit ihr Steine und Muscheln am Strand, erklärt ihr die Welt und schaukelt sie hingebungsvoll in ihrem Buggy in den Mittagsschlaf: ein Super-Opa.

»Nein, ich bin gar nicht der *Pappous!*«, protestiert der Mann. »Mein Sohn, der dahinten« – er verzieht das Gesicht, als meine er: der Taugenichts – »der hat ja überhaupt keine Kinder!« Die Kleine ist die Tochter seines Kellners. »Aber sie hat mein Leben verändert«, sagt der alte Mann, und seine Augen schimmern.

Als Kind hat man es auf der Insel, und vielleicht in ganz Griechenland, besonders gut. Die Frauen sprechen mit einem Mal mit höherer und süßerer Stimme, wenn Kinder auftauchen, und die Herren lachen entwaffnet und verschenken *karameles*, Bonbons. Deswegen lieben meine Kinder diesen Ort, vor allem meine Tochter.

Ihr Lieblingsplatz auf der Insel ist Theodosias Konditorei. Dort gibt es nämlich nicht nur einen sprechenden Papagei und natürlich unzählige Kuchen und Törtchen und Cremeschnitten und selbst gemachtes Eis – hier entsteht außerdem alljährlich ihre Geburtstagstorte (mit Marzipanblüten), höchstpersönlich angefertigt von den schönen Konditorinnentöchtern, Anna, der Schwarzhaarigen, und Popi mit den roten Locken. Liebe geht bekanntlich durch den Magen, deswegen hält mein Kind die beiden für so etwas wie Familienmitglieder und strahlt, wenn sie von ihnen abgeküsst wird, auf die rechte Wange, auf die linke Wange, und dann noch aufs Händchen oder auf den Kopf. Nur die Torte könnte etwas weniger süß sein, doch darum bitten wir jedes Jahr vergeblich. »Aber mit weniger Zucker schmeckt der Kuchen doch gar nicht«, sagen die Mädchen und verfahren wie immer.

Ja, alle sind ganz reizend auf der Insel. Zum Beispiel Herr Lefteris und der Georgier vom Supermarkt. Der Georgier wiegt die Waren und kassiert, Herr Lefteris fährt regelmäßig mit seinem kleinen Lastwagen auf die große Nachbarinsel und holt Nachschub. Sie haben viel zu tun, die beiden Alten, bis spät in die Nacht ist der Laden geöffnet, aber manchmal haben sie auch ein bisschen Muße, dann sitzen sie gemeinsam unter der Markise neben dem Obst, rauchen eine und ziehen die Leute auf:

Ein guter deutscher Freund von uns, der auch schon seit Jahren anreist, fischt beispielsweise gern. Wenn er dann am Supermarkt vorbeikommt, begrüßen sie ihn immer mit dem gleichen Spruch: »Na, was hast du denn heute gefangen? Etwa einen *germano*?« Hahaha. Ein *germanos* ist eine Fischsorte. Immer wieder ein Brüller.

Nur mit mir ist Herr Lefteris überhaupt nicht einverstanden. Weil mein Sohn kein Griechisch spricht. Meine Tochter auch nicht, doch da sieht er noch Hoffnung. Aber der Junge: fünfzehn Jahre alt und noch kein Wort!

»Komm, mein Freund, komm«, sagt er und legt meinem Sohn den Arm um die Schultern. »Was sind das für Sachen? Lern endlich die Sprache! Es ist so einfach, eine Sprache zu lernen. Ich weiß das, ich habe Abitur. Wenn du hundert Wörter kannst, können wir ein Gespräch führen. Nur hundert Wörter!«

Mein Sohn nickt ergeben, hat aber kaum etwas verstanden.

»Bis morgen merkst du dir *portokalada* und *yaourti*, Orangenlimonade und Jogurt. Sag nicht, das kannst du nicht behalten. *Portokalada! Yaourti!* Ganz einfach. Und morgen bringe ich dir neue Wörter bei. Weil deine Mutter, diese *tebela*, Faule, das ja nicht tut!« Aber er zwinkert ein bisschen, damit ich nicht wirklich böse werde.

So herrlich ist es also auf der Insel, und sie trägt den wunderbaren Beinamen »Insel des Friedens und der Freundschaft«. Wer sich diese Bezeichnung ausgedacht hat, weiß ich nicht. Allerdings handelt es sich dabei nicht unbedingt um eine Zustandsbeschreibung, wie ich lange dachte. Nein, es ist vielleicht eher eine Mahnung. Manche sagen nämlich: Es ist die Insel der Zwietracht und des Streits.

Wenn man die Sprache tatsächlich beherrscht und ein wenig hinter die Kulissen blickt, erfährt man, dass die freundlichen Dorfbewohner untereinander nicht so nett sind. »Es ist ein kleiner Ort«, erklärt mir eine alte Dame, die mittlerweile auf die große Nachbarinsel übergesiedelt (vielleicht sogar geflohen) ist und selbst nur noch zu Besuch kommt: »Nur dreihundert, vierhundert Menschen leben hier im Winter, und sie hocken eng aufeinander. Das muss ja Streit geben! Auf jeder kleinen Insel und in jedem kleinen Dorf ist das so. Bei euch in Deutschland etwa nicht?«

Wer weiß? Ich komme ja aus der Großstadt.

Da schiebt sich ein Schatten vor die Sonne, wie von einer einsamen Wolke, und plötzlich hat das Bild jeder netten kleinen Insel, die ich kenne – und jedes erwanderten idyllischen Alpendorfs – eine etwas andere Farbe …

»In diesem Jahr ist es besonders schlimm«, bekundet Athina, meine Freundin auf der Insel. »Nun streitet fast jeder mit jedem.« Es stehen nämlich Wahlen an, das hat die Dorfbevölkerung in die Lager der politischen Kontrahenten entzweit. Aber das ist nicht der einzige Grund.

Statt drei kleinen Lebensmittelgeschäften gibt es plötzlich vier kleine Lebensmittelgeschäfte, wobei das neueste genau neben einem der älteren eröffnet hat. Und da, wo früher der einzige Souvlaki-Imbiss stand, gibt es plötzlich noch einen Souvlaki-Imbiss. Fast Tür an Tür.

Da muss es ja krachen!

»Und außerdem sind so gut wie alle Restaurantbesitzer miteinander im Streit«, sagt Athina.

»Wieso das denn?«

»Nun: Wenn an einem Abend in der Taverne links viel los

ist, sind die rechts nebenan sauer. Und wenn am nächsten Abend die andere besser besucht ist, sind die links sauer.«

Athina arbeitet in einem kleinen Inselhotel als Zimmermädchen. Wir haben uns vor ein paar Jahren regelrecht ineinander verliebt. Wenn ich sie sehe, bin ich sofort glücklich und gut gelaunt. Äußerlich betrachtet haben wir nicht viel gemein, denn wir leben ganz unterschiedliche Leben: Sie ist über fünfzig, hat drei Kinder, die nun schon die Schule beendet haben, und einen Mann, den sie fast nie sieht, weil er zur See fährt. Dennoch können wir stundenlang reden, über die Kinder, über das Leben. Grundsätzliche Themen gleichen sich ja überall auf der ganzen Welt.

Dass ich Athina so mag, hängt auch damit zusammen, dass sie Griechin ist: Mit Sympathiebekundungen halten meine Landsleute nicht lange hinterm Berg, sondern sie umarmen einen gleich und machen den Kindern kleine Präsente. Diesbezüglich ist Athina ganz typisch, und damit wärmt sie mir das Herz. Nein, die nette Athina selbst liegt sicher nicht mit der halben Insel im Clinch – aber sicherheitshalber frage ich gar nicht erst nach.

Angefahren wird die Insel – außer von der großen Fähre, die nur zwei Mal wöchentlich kommt – noch von zwei kleinen Bootsfähren: der *Elefteria 1* und der *Nissos Cruise*. Sie liegen nebeneinander im Hafen, doch bei keiner der beiden Fähren erhält man jemals Auskunft über den Fahrplan der anderen. Nun geht mir plötzlich ein Licht auf, warum:

»Athina, sind die auch zerstritten?«

»Und wie, aber das ist ja nichts Neues: Die reden schon seit zwanzig Jahren kein Wort miteinander«, sagt Athina.

»Im Moment ist es aber mit den Fähren besonders schlimm«, meint Maria aus dem kleinen Reisebüro. »Die drehen total durch!« Früher hielten sich die Fährschiffer noch an einen Fahrplan, außerdem wechselten sie sich dabei so einigermaßen ab, so dass jede Fahrt gut ausgelastet war. »Nun fahren sie, wie es ihnen einfällt!« Nämlich unablässig hin und her, ganz gleich, wie viele Fahrgäste an Bord sind. »Es ist ihnen ja auch ganz gleichgültig, wie viel Benzin sie verbrauchen«, denn das Benzin bezuschusst der Staat, sagt Maria, damit werden die strukturschwachen Inseln unterstützt.

»Wenn also einer eine Vereinbarung mit einer Reisegesellschaft hat und Tagesausflügler rüberbringt, dann macht er das jetzt, wann es ihm einfällt – egal, ob das in den Fahrplan passt oder nicht. Manchmal fahren deshalb sogar beide nebeneinanderher nach drüben.« Und manchmal fährt keiner. Nur weil jeder glaubt, der Konkurrent wolle ihn übervorteilen, und es deshalb keine Absprache gibt.

»Ich jedenfalls sage zu den Fährzeiten gar nichts mehr. *Terma*, Endstation!«, sagt Maria vom Reisebüro. »Wenn Touristen kommen und von mir wissen wollen, wann das nächste Boot geht, sage ich: Gehen Sie einfach an den Hafen und fragen Sie selbst!«

Die Leute fragen sowieso zu viel, findet Maria. Und zwar nicht die ausländischen Touristen, »die finden sich meistens irgendwie selbst zurecht.« Sondern Marias Landsleute, die griechischen Urlaubsgäste.

»Die Griechen fragen ständig. Unglaublich, auf was für Fragen die kommen. Wie man den Schlüssel vom Apartment rumdreht – rechtsrum oder linksrum. Oder wie die Kaffeemaschine funktioniert. Wie alle Kaffeemaschinen, sage ich. Filter rein, Kaffee rein, Wasser rein und auf den Knopf drücken. Die Griechen fragen aber, bevor sie etwas überhaupt ausprobiert haben. Einfach so. Sie sagen: ›Ach, wir haben nichts zu tun, wir haben ja Urlaub, lasst uns zu Maria gehen und fragen, wie die Kaffeemaschine funktioniert.‹ Fragen ist das Hobby der Griechen!« Fragen kostet nichts, und Antworten gehören zum guten Service, der *axepiretisis*. Die Griechen lieben es, wenn sie im Urlaub ganz besonders zuvorkommend betreut werden. »Es ist nur leider nicht immer so einfach, ihnen zu helfen«, stöhnt Maria. Zum Beispiel, weil sie immer erst zwei Minuten vor Abfahrt zum Bezahlen kommen. »Wie soll ich bitte in zwei Minuten eine ordentliche Abrechnung machen? Da kann ich nur sagen: Rennt auf die Fähre – und überweist mir das Geld später! Was soll man tun?!«

Nun geht der Stress mit den Griechen aber erst so richtig los. Bald ist Klosterfest, da reisen alle an, die Verwandtschaft auf der Insel haben: Leute, die mittlerweile in Athen oder auf Rhodos wohnen, oder in England, Frankreich, Afrika und eben Tarpon Springs, Florida.

Zwei Tage dauert das Fest zu Ehren des heiligen Johannes, denn diesem Heiligen sind sowohl das Kloster als auch die Kirche gewidmet. In den Morgenstunden des ersten Feiertages, so um drei, vier Uhr, bringt die Dorfbevölkerung eine Ikone mit dem Konterfei des Täufers vom Kloster hinunter in den Ort – zu Fuß eine stundenlange Wanderung. Am Vormittag dann reist der Bischof an, und bald darauf kommt die Kapelle: in der *Nissos Cruise*.

Sobald sie sichtbar wird, beginnen die Musiker zu spielen, und das Boot dreht eine Extrarunde durch die Bucht. Dann gibt es eine Prozession hinter der Ikone her durch das Dorf, man sieht die Blasinstrumente der Kapelle schon von weitem in der Sonne blitzen, und dann folgt eine Messe in der Kirche.

Am Abend geht es dann ins Kloster. Damit alle Gäste es erreichen können, gibt es einen kleinen Bus-Shuttle. Den ganzen Abend stehen die Gäste in einem abgegrenzten Bereich am Hafen in der Schlange an, um alle halbe Stunde nach oben gekarrt zu werden.

Dort wird in der Kapelle eine Liturgie zelebriert, und während die Kirchgänger noch beten, brutzeln die Frauen von Nisos schon das Festmahl: Fleischspieße, die auf langen *skares*, Grills, gebraten werden. Dann feiern alle bis spät in die Nacht im Klosterhof, hoch am Berg über dem Meer, und wer dann keine Lust mehr hat, noch hinunterzufahren, schläft einfach in einer Kemenate.

Das allergrößte Spektakel aber findet am nächsten Abend statt: ein riesengroßes Tanzfest mitten im Dorf! Ich war schon einmal dabei, da konnte ich allerdings noch gar nicht tanzen.

In jenem Jahr hatten wir Besuch von einer Freundin aus London, die völlig begeistert zusah und fand: »Wir müssen unbedingt mitmachen!«

»Meinst du wirklich?«, zweifelte ich, denn ich hatte eigentlich keine Lust, mich vor all den Leuten lächerlich zu machen. Aber sie ließ nicht locker.

Also reihten wir uns in der Tanzschlange ein und hüpften dort ein wenig herum. Nach ein paar Minuten fanden wir uns dann ganz am Ende der Schlange wieder: dort, wo die ganz kleinen Kinder, die gerade so laufen können, mitgezogen werden. Es war ein bisschen frustrierend, wir gaben es bald auf.

»Aber jetzt kannst du doch tanzen«, sagt mein Mann: »Blamier uns nicht!« Könnte aber gut passieren, trotz Kurs. Wer weiß, was hier so getanzt wird und ob ich damit zurechtkomme. Doch meine Tochter sagt: »Heute tanzen wir, und zwar auf jeden Fall!«

Elefteria 1 und *Nissos Cruise* pendeln nun aufgeregt hin und her, um die Gäste abzuliefern, die nur für diese eine Nacht von drüben kommen. Der Hafen verändert währenddessen sein Gesicht: Fahrende Händler haben ihre Stände mit Plastikwaren Made in China aufgebaut, die ganze Mole blinkt und trötet, und für die kleinen Dorfmädchen wird heute der Puppenmama-Traum wahr: Bald stolpern alle hinter rosafarbenen Puppenwagen her, während die kleinen Jungs mit Kunststoffschwertern hantieren und Laserlichter in den Nachthimmel schicken.

Jetzt wird erstmal flaniert, die Inseldamen haben sich dazu in Schale geworfen: in bunte Kleider mit Rüschen oder Rückenausschnitt bis zum Po, mit Strass und Applikationen, Glitzer und Bordüren. Und sie tragen Schwindel erregend hohe Stöckelsandalen, mit denen sie über die großen Pflastersteine balancieren. Ich könnte damit kaum laufen, geschweige denn tanzen – die Griechinnen aber schon.

Wahrscheinlich sind heute alle Tavernenbesitzer sauer auf die Inhaber von *Maria*, dem Lokal mit den blauen Stühlen am Dorfplatz, denn es liegt mitten im Geschehen, und Inselkenner haben schon vor Tagen Plätze hier reserviert. Wie Blanca, die spanische Jura-Professorin aus Barcelona, die jedes Jahr anreist, perfekt griechisch spricht und mit ihren Freundinnen schon am Tisch Hof hält. Echte Insider wie Athina sitzen sogar noch näher dran: in Plastikstuhlreihen direkt vor dem Platz. Athina liebt den Tanz! So sehr, dass sie neuerdings sogar Nachhilfestunden nimmt.

Eigentlich kann Athina alle Tänze, die geläufig sind. »Nur den Ikariotikos«, sagt sie, »den habe ich irgendwie nie kapiert – immer habe ich was falsch gemacht.« Deswegen hat sie ihn sich nun von Georgos zeigen lassen. Georgos ist der Busfahrer im Ort und außerdem Volkstanzlehrer in der kleinen Schule, denn Volkstänze sind ja ein Schulfach in Griechenland. Hier besuchen auch viele Kinder und Jugendliche zusätzlich eine Volkstanzgruppe. Das gehört einfach dazu.

Der Tanz ist hier das Bindeglied, er hält hier die Dorfgemeinschaft zusammen und bildet den Gegenpol zum ewigen Krach. Tanzen ist das Synonym für Feiern. Bei Hochzeiten und Taufen wird getanzt und manchmal einfach so. Wahrscheinlich ist der Volkstanz auf der Insel so was wie Freizeitheim, Turnverein und Kaffeekränzchen in einem.

»Diesmal macht mein mittlerer Sohn bei der Aufführung mit! Du erkennst ihn daran, dass er der Zweitgrößte unter den Jungs ist«, sagt Athina stolz.

Oben auf der Terrasse des Postamtes hat die Tanztruppe sich bereits versammelt, die Mädchen tragen lange, bunte Brokatröcke in Gelb oder Orange mit schwarzen Oberteilen und Kopftüchern, die Jungen schwarze Kniebundhosen zu weißen Kniestrümpfen und einer Art Schiebermütze. Mitten im Trubel steht die Konditorin, Theodosia, Annas und Popis Mutter, und macht alle zurecht: Mit gezücktem Lippenstift in der Linken, zupft sie hier mal ein Tuch, dort eine Schärpe zurecht und versieht alle Mädchenlippen mit rosa Perlmuttglanz, und wer nicht dabei ist – wie eine Traube von Kindern, die sich an der Treppe herumdrücken –, schickt sehnsuchtsvolle Blicke. Denn leider sind nicht genug Trachten da für alle. Wer eine ergattert hat, gibt sie nicht mehr kampflos her.

»Hast du solches Lampenfieber?!«, frage ich ein Mädchen, das ächzend an der Wand lehnt.

»Nein, gar nicht – aber das Kleid ist mir zu eng.«

»Was werdet ihr denn tanzen?«

»*Vlacha!*«, stößt das Mädchen hervor, und einen Moment

denke ich, sie will mich beschimpfen: *Vlacha* heißt Bauern-
trampel oder Bäuerin.

Sie meint aber gar nicht mich, sondern einen Tanz. Den
kannte ich noch gar nicht. Außerdem wird eine Sousta getanzt und ein Servolexikos.

Mit todernsten Gesichtern marschiert die Truppe dann die
Treppe hinunter auf den Platz, die Musiker beginnen zu spielen (natürlich ist die Lyra dabei, und ein paar leidende Geigen), und es geht los.

Nur, dass wir gar nichts sehen können: Unmittelbar vor
uns haben ein paar Leute in Sekundenschnelle einfach ein
paar Tische und Stühle aufgestellt, das ganze Dorf hat sich
unversehens mit Tischen und Stühlen gefüllt. Es ist fast ein
Wunder, wo die ganzen Sitzgelegenheiten plötzlich herkom-
men! Und all die Ouzo- und Retsina- und Wodka- und Whis-
keyflaschen, und ganz besonders die Unmengen von Menschen: Fast mehr, als der begrenzte Platz fassen kann!

Als ich mich endlich durchdrängeln kann, haben die Mädchen schon den Staub aufgewirbelt mit ihren Röcken, die
am Boden schleifen. Die Füße sind gar nicht zu sehen, und
so bleiben kleine Fehler verborgen und mir geht auf, warum
Folkloretracht die ideale Tanzkluft darstellt.

Die Jugend tanzt lange und mit angestrengten Gesichtern,
als ginge es um Leben und Tod. Erst als am Ende der Applaus
kommt, beginnen alle zu strahlen und rennen aufgeregt über
den Platz. Derweil spricht die Bürgermeisterin, auch sehr
lange und ausführlich. Dann spricht noch der Pope, mindestens noch mal so lang. Schließlich ist es fast Mitternacht.

Da endlich setzt die Musik wieder ein: wieder eine Sousta.
Da leeren sich die Tische und Stühle, nur noch die ganz Alten und die Fremden bestaunen das Spektakel von außen. Die

anderen strömen auf den Platz – der große Inseltanz beginnt. Alle reichen sich die Hände, als hätte es Unstimmigkeiten im Ort nie gegeben. Die Frauen, die Männer, die Jungen, die etwas Älteren und die Gastarbeiter – also die Kellner und Putzfrauen aus Russland oder Bulgarien, die nur während der Sommersaison hier leben, aber aus ihren Ländern ähnliche Tänze wie die griechischen kennen. Die Schlange wächst und wächst und wendet sich nach innen zur immer enger werdenden Spirale, damit der Platz für alle reicht.

Ich stehe nur und schaue. Wie damals bei meiner ersten Tanzstunde im Westend in München. Damals konnte ich nicht tanzen, und jetzt traue ich mich nicht. Denn das ist das Fest der Dorfbewohner, die sich heute feiern. Sie zelebrieren das Ende der Sommersaison. Wenn alle Touristen nach Hause zurückgekehrt sein werden, wird es ganz ruhig sein in dem Ort, fast alle Lokale werden schließen, und die Menschen ziehen sich in ihre Häuser zurück, atmen tief durch und leben von dem Geld, das sie sich erarbeitet haben. Dann kochen sie zu Hause oder treffen sich zum Tee, machen Ausflüge oder fahren eine Zeitlang auf die große Nachbarinsel, wo sie shoppen können oder ins Kino gehen. Aber vorher wird noch einmal gemeinsam ausgiebig gefeiert, heute ist der große Tag des Friedens und der Freundschaft, und ich sehe keinen einzigen Fremden mittanzen.

Doch dann gebe ich mir einen Ruck und öffne einfach die Schlange. Eine ältere Frau mit goldenen Sandalen reicht mir die rechte Hand, eine junge, verschwitzte Frau die linke, und ich tanze! Ich tanze in der lauen Sommernacht auf einem griechischen Inseldorfplatz, und es ist ein bisschen wie in einem Film: fast zu schön, um wahr zu sein.

Es dauert natürlich eine Minute, bis ich mich zurechtfinde: Ich kenne den Tanz ja gar nicht. Aber er ist ganz einfach für meine geübten Beine – ich bin es ja mittlerweile gewöhnt, einfach irgendwie mitzutanzen. Auch der nächste Tanz ist mir unbekannt, aber einfach, für mich jedenfalls, und da erkenne ich: Ich kann überall mittun! Überall, wo griechischer Volkstanz getanzt wird. Nie mehr muss ich ganz hinten rumstolpern, da, wo die kleinen Kinder hinterhergaloppieren.

Maria vom Reisebüro reckt den Daumen nach oben, Blanca, die Spanierin an ihrem Tisch, macht erstaunte Augen und winkt mir zu, und der Sohn des Bäckers, der immer ein bisschen ruppig wirkt und mich noch nie gegrüßt hat, lächelt mich über die Köpfe der Tanzenden hinweg ganz freundlich an.

Jetzt spielen sie einen Kalamatianos, da hole ich auch meine Tochter dazu: Sie lernt schnell, ehrlich gesagt sehr viel schneller als ich. Wir tanzen einen Servos aus Karpathos, einen Gonatistos und einen Pidichtos, einen Ikariotikos und eine Menge Tänze, deren Namen ich nicht weiß.

Da sehe ich endlich wieder Athina im Getümmel. Flinke kleine Füße in weißen Riemchensandalen, die über den Steinboden tippeln. Sie strahlt und lacht mir zu. Dann trinken wir etwas zusammen, reden ein bisschen, und tanzen, tanzen.

Ich tanze bis vier Uhr früh, und als ich dann einfach nicht mehr kann, stehe ich noch eine Weile da und schaue nur zu.

Dann gehe ich – durch das Dorf, durch die sternenklare Nacht, mit dem Klang der Lyra, die durch die Gassen hallt. Und fühle mich so griechisch wie noch nie.

 *»Das Schlimmste ist das Wetter!«*

Was mag ich an Deutschland, was mag ich an Griechenland? Und was mag ich an den beiden Ländern nicht so gern? Eine kleine Umfrage unter Griechen (und Halbgriechen) in Deutschland.

Spiros, 70

An Deutschland schätze ich: die gut funktionierende Verwaltung.

Weniger mag ich: die vielen Verbotsschilder.

An Griechenland schätze ich: die Improvisationskunst der Griechen.

Was ich an Griechenland ablehne: die dort herrschende Disziplinlosigkeit und mangelnde Qualifikation und Zuverlässigkeit im Staatsapparat, im Geschäftsleben und im Arbeitsleben.

Sophia, 12

An Griechenland mag ich: die Strände, die Kultur, das alte Griechenland, die griechischen Sagen. Die Menschen, die Tavernen.

Meistens fahren wir nach Chalkidiki. Dort ist mir noch nichts begegnet, was mir nicht gefällt.

An Deutschland mag ich: bayerische Trachten, dass sich die Jahreszeiten deutlich unterscheiden und dass es auch Schnee gibt.

Kostas, 54

Das Schlimmste an Deutschland ist – das Wetter. Irgendwie glaube ich, dass es doch genetische Vererbungen gibt, die über mehrere Generationen weitergegeben werden. In meinem Fall besagt dies: Ich brauche Sonne, heftige Wärme und blauen Himmel. Mit dieser Eichung habe ich in Deutschland definitiv ein Problem. Immer wenn in einem Fernsehfilm eine Szene im Regen spielt, sage ich zu meiner Liebsten: Bestimmt in Deutschland gedreht! Man kann sich entweder daran gewöhnen oder in den Süden fahren. Für mich kommt nur das Zweite in Frage. Derzeit bin ich regelmäßig im Urlaub dort, später will ich dauerhaft dorthin.

An den Deutschen selbst stört mich das mangelnde Talent zur Improvisation in Lebenslagen, die mal nicht von einem offiziellen Regelwerk erläutert werden. Also übertriebene Akkuratesse und Penibilität. Oder ihre Feierkultur: Erst wenn Zeit, Ort und Alkoholpegel stimmen, kann es lustig werden – oder auch nicht. Mangelnde Genussfähigkeit könnte ich auch dazu sagen. Verrückterweise sind das zum Teil aber auch die Eigenschaften, die mir an den Deutschen gefallen: Sie sind nämlich akkurat, zuverlässig, organisiert und haben einen bemerkenswerten Sinn für gesellschaftliche Belange. Erst die Arbeit, dann das Vergnügen – klingt zwar öde, aber so schafft man eben etwas.

Was ich an Griechenland mag, beziehungsweise nicht mag:

Griechenland ist meine Heimat, das habe ich mir zwar nicht ausgesucht, aber ich finde das trotzdem toll, denn Hellas hat das beste Klima der Welt, wie ich bei meinen Reisen nach Australien, Afrika oder auf die Fidschi-Inseln feststellen konnte. Schön ist Griechenland außerdem: Es gibt Gebirge, Wälder (noch sind nicht alle abgebrannt), herrliche Inseln und allgegenwärtiges Meer. Griechenland darf zudem den Rang eines Viersterne-Kochs beanspruchen; nicht extravagant, aber so bodenständig und deftig, dass wir es mit jeder anderen Küche aufnehmen können.

Ja, und meine lieben Landsleute? Die sind laut, herzlich, kinderlieb, hilfsbereit, offen und immer auf einen Schwatz aus. Übrigens, sie verstehen auch etwas von Gemütlichkeit, obwohl es im Griechischen gar kein entsprechendes Wort gibt. Ganz schön viele gute Seiten. Aber natürlich – es gibt auch schlechte. Die schlimmste Seite: das Desinteresse an allem, was ihnen nicht persönlich gehört. Und das ist ganz schön viel: der Gehweg (auf den leere Zigarettenschachteln geworfen werden), die Straße (auf die leere Plastikflaschen aus dem Auto entsorgt werden), der Staat (der nach Strich und Faden betrogen wird), die Wälder, die zugemüllt und abgefackelt werden, die Flüsse (in denen mit Dynamit »gefischt« wird).

Schließlich das: Für all unsere Fehler und Misserfolge sind wir nie selbst verantwortlich. Es sind immer die anderen, die Schuld an unserer Misere haben, vor allem »die« aus dem Ausland: die EU etwa, oder Frau Merkel.

Lukas, 12

Deutschland +
Schöne Städte
Schöne Inseln (Nord- und Ostsee)

Deutschland –
Oft sehr kalt

Griechenland +
Sehr warm
Viele schöne Inseln
Schöne Badestrände

Griechenland –
Viel Müll auf den Straßen/Wegen und an den Stränden

Fanny, 51

Tja, gute Frage. Ich liebe die Ordnung, die Übersicht in Deutschland. Das Gefühl, dass man letztendlich doch sein Recht bekommt. Wenn zum Beispiel die Öffnungszeiten eines Geschäftes mit 9.00 bis 18.00 Uhr angegeben sind, kann man davon ausgehen, dass zu dieser Zeit das Geschäft auch geöffnet hat. Weiterhin mag ich die Pünktlichkeit und den Respekt, der einem entgegengebracht wird. Dass man nicht gleich mit »Du« angesprochen wird. Was wiederum bedeutet, dass es lange dauern kann, bis einem das Du angeboten wird. Was ich an Deutschland nicht mag, ist eine gewisse Art von Überheblichkeit, auf die man immer mal wieder trifft. Wenn beispielsweise das Bellen eines Hundes ignoriert oder das Weinen eines Kindes blöd kommentiert wird. Oder wenn Kinder lieblos behandelt werden. Außerdem muss alles bis ins kleinste Detail ausdiskutiert werden, es gibt keine Freiräume, keine Spielräume für die Eingebung. Mögen tue ich auch die tristlosen Wintertage nicht, weil vor lauter Kälte einem das Lachen im Munde gefriert. Der fehlende Körperkontakt, das Gestikulieren, die unterkühlten Reaktionen. Ich frage mich oft, ist mein Gegenüber schüchtern, verklemmt oder hat es sogar Angst vor mir?

An Griechenland liebe ich die Sonne, die Wärme (nicht nur die hohen Temperaturen, auch die Wärme der Menschen), die intensiven Farben, die Düfte, das blaue Meer, das wilde Gestikulieren, einfach das Leben. Die Gelassenheit, die entspannte Atmosphäre, die Freundlichkeit, die Gemütlichkeit, die Gastfreundschaft. Glühende Augen, offenes Lachen, das Berühren des Gegenübers während eines Gesprächs. Ich mag die Großfamilien beim Feiern, beim Spazierengehen oder am Strand.

Was mir nicht gefällt: die Anmache, die schlechte und oberflächliche Organisation, die Anmaßung mancher Angestellter im öffentlichen Dienst. Falls irgendwas passiert,

will es niemand gewesen sein und die Schuld hat sowieso jemand anders. Mich stört die Kungelei, denn ohne
Beziehungen schaffst du es nicht.

Leandros, 8

In Griechenland gefällt mir, dass da so viel Meer ist und
dass man sich am Strand immer sonnen kann. Was ich
nicht mag, ist, wenn Quallen im Wasser sind.

Bei Deutschland weiß ich es nicht, einfach weil ich da
schon immer wohne. Deswegen fällt mir hier nichts auf.
Ich mag beide Länder gleich gern.

Koula, 43

Deutschland – das mag ich:
Zuverlässigkeit,
Ordnung und Regeln.
Die Sprache – die beherrsche ich!
Es gibt immer einen Weg aus der Misere.
Ich habe Arbeit!
Ganz wichtig: sehr gute medizinische Versorgung – auch
als Kassenpatient noch …
Die Menschen sind überwiegend höflich und nett.
Das Land – es ist schön, bietet vieles, vom Meer bis zu
den Alpen – herrlich;
Geschichte, alte Burgen, Traditionen.
Da gibt es die vielen Möglichkeiten für alles und jeden.

Deutschland – das mag ich nicht oder finde ich ätzend:
Ordnung, Regeln, Regeln, Regeln,
Spießigkeit (jaa! Die gibt es hier!!!),
Punkt 12.00 Uhr Mittagessen – paaaah,
Punkt 18.00 Uhr Abendessen – furchtbar!!
Sonntagmorgens riecht es auf den Straßen schon nach
Kochen (Zwiebeln, Braten, Kohl – brrrrr).
Es herrscht eine grundlegend negative Einstellung,
wenn's mal nicht so läuft – in der Presse oder den Medien.
Die Regierung hat kein Rückgrat; auch nach dem Zwei-
ten Weltkrieg dürften die Deutschen Stolz besitzen. Es ist
immer eine Frage, wie es gezeigt wird.
Ach ja, das Wetter: zu wenig Sommer, zu viel Regen.

Griechenland – das mag ich:
Den Geruch!! Hmmmm!
Das Meer!!! (Heimweh)
Das Essen!!! (lecker)
Die Agora – so leckeres Gemüse und Obst.
DIE MUSIK!!!!!!!!!!!!!!!!!! Rührt mich zu Tränen, lässt mich
tanzen, geht mir unter die Haut.
Ich mag es, aus dem Flugzeug zu steigen und »zu Hause
anzukommen«, den warmen Wind zu spüren, die Geräu-
sche und die Sprache (die ich nicht beherrsche) zu hören.
Mir gefällt die Gelassenheit der Menschen, ihre Liebe zu
Geselligkeit und Genuss.
Jaaa!! Das Wetter im Sommer, auch wenn es regnet – da-
nach ist alles wieder gut!
Das Klima – es tut soooo gut!
Die griechische Sturheit
Olympische Spiele

Thessaloniki

Griechenland und die Griechen – das mag ich nicht, das macht mich traurig:
Ihr schrecklicher Umgang mit Tieren (hasse ich!)
Die vielen Einwanderer (das ist jetzt gemein): Russen, Osteuropäer, Roma, Albaner, sie machen mir Angst, ich fühle mich fremd.
Die Ignoranz der Griechen
Die Arroganz der Griechen
Ausruhen auf ALTEN Lorbeeren
Athen
Straßenlärm
Keine Disziplin im Straßenverkehr
Müll und Dreck (macht mich wütend)
Keine Rücksicht auf behinderte Menschen
Das Schreien (nervt)
Korruption und Lügen (jeder lügt in Griechenland!!)
Arbeitslosigkeit und Aussichtslosigkeit – studieren wofür?
Medizinische Versorgung
Leicht reizbare Menschen (Männer in ihren Autos)

Miltos, 37
    Greece/Germany
    Like/Not like

Wenn ich in Saloniki aus dem Flugzeug steige, atme ich tief ein. Ich liebe den Geruch, jedes Mal, wenn ich am Flughafen griechischen Boden betrete. Diese Luft. Diese

Hitze. Diese trockene, heiße Luft. Ich mag es, mir in diesem Moment eine Zigarette anzuzünden, um das Gefühl zu verstärken, auch wenn ich sonst eher selten rauche. Mir gefällt es, nach einem Teller Calamares im Schatten der Bäume, in einer Taverne auf einer griechischen Insel aufs Meer zu schauen. Ich liebe die griechische Parea. »Freundeskreis« könnte man es übersetzen und doch trifft es das nicht. Es ist diese einzigartige Form von lässiger, ungezwungener, kommunikativer Kollektivität.

Auch wenn ich mich dann oft in Greece fremd fühle, weil ich mich nicht mit Dingen identifizieren kann, die dort als ausgemacht gelten. Quatsch, nichts gilt als ausgemacht. Ich lache mich schlapp, wenn ich nachts rechtsextreme Fernsehsender verfolge, in denen irgendwelche Faschos erzählen, dass die Griechen vom Weltall abstammen. »Alles wissenschaftlich belegt, können Sie hier nachlesen, meine Damen und Herren, nur heute gibt es fünf Bücher zum Preis von einem, jetzt bestellen ...« Grandios, Realsatire pur, und das Schlimmste ist, es gibt Leute, die ernsthaft daran glauben. Ich kenne welche. Und das Beste ist, es gibt Leute in Griechenland, die sich genauso kopfschüttelnd darüber kaputtlachen wie ich.

Womit die Krux der Fragestellung schon beschrieben wäre. Um ehrlich zu sein, ich mag oder mag nicht an Griechenland genau dieselben Dinge, die ich an Deutschland mag oder nicht mag. Ich esse nicht nur liebend gern Fisch und Oktopus in Griechenland. Nein, ich steh auch auf Schlachtplatten in typisch deutschen Wirtshäusern. Als mich mal mein Freund Vassili in Köln besuchte,

mussten wir unbedingt Haxe essen gehen und kamen
dann zu dem Schluss, dass Deutsch-Griechen ziemlich
auf deutsches Essen stehen. Fleischberge können wir
beide gut ab – der greco und der germano. Ich erinnere
mich auch noch, wie meine Eltern zum Heimaturlaub das
erste Mal Maggi-Tütchen mitbrachten, um Buletten (Keftedes) mit dieser speziellen Instant-Gewürzmischung zu-
zubereiten, die es ihnen in Deutschland angetan hatte.
Meine Verwandten konnten die Begeisterung nur mäßig
teilen ... was der Bauer nicht kennt, das ... na ja, kennt
man auch in Deutschland.

Ich mag Gitarrenmusik. Ich mag Punkrock – aus Griechenland und aus Deutschland und natürlich aus den
USA, England, Schweden oder Italien, was für eine Frage.
Und ich mag insbesondere Trypes aus Saloniki. Übersetzt
»Löcher«. Trypes haben in den frühen Achtzigerjahren
angefangen, von Punk beeinflussten Wave-Rock zu spielen. Die Krönung waren die sophisticaten Texte des Sän-
gers Jannis Aggelakas. Spätestens Anfang der Neunzi-
ger waren Trypes dann in Griechenland so groß wie die
Toten Hosen in Deutschland. Nur dass eben Trypes nicht
so platt und prollig waren wie die Toten Hosen und trotzdem Tausende zu ihren Konzerten kamen. Übrigens, an
Deutschland mag ich das Prollige, aber eben nicht die
»Hosen«.
    Trypes in Griechenland waren so, wie wenn eine Band
der Hamburger Schule in Deutschland den Status der Toten Hosen erreicht hätte. Und das mag ich an Griechenland. Und an Deutschland mag ich eben, dass es so was
wie die Hamburger Schule gibt, beziehungsweise gab.

Was in Griechenland nie funktioniert hat. Ein Haufen Bands sind daran gescheitert, der Schlauheit und der Poesie und dem Rock'n'Roll von Trypes nachzueifern. In Deutschland hat es funktioniert – die Sterne, Blumfeld, Tocotronic, die Zitronen, Dackelblut oder 1000 Robota. Überhaupt mag ich an Deutschland, dass hier der Slogan »Deutschland halt's Maul« entstehen konnte – und ich mag sogar die Ironie, die darin liegt, an dieser Stelle etwas so zu loben, wie es gar nicht gelobt werden kann, weil es dann ein Widerspruch in sich ist – wenn das mal nicht Philosophie ist.

Überhaupt mag ich an Griechenland, dass wir alles erfunden haben. Sagte ich das schon? Besonders den Philosophen-Idioten-Quotienten. Es gibt in Griechenland eine mathematische Formel, die dafür sorgt, dass, je mehr sich bestimmte Griechen in der passenden oder unpassenden Situation ob ihrer berühmten Vorfahren rühmen, du dir sicher sein kannst, dass selbst ein Deutscher Schäferhund mehr von Aristoteles' Nikomachischer Ethik verstanden hat als diese Vollpfosten. Sosehr mir die Engstirnigkeit in Griechenland manchmal missfällt, sosehr mag ich die Flexibilität im Denken und die Spontanität im Handeln. Damit meine ich die Offenheit im wahrsten Sinne des Wortes. Nicht im Sinne einer desinteressierten Beliebigkeit, wie sie in Deutschland manchmal existiert. In einem anderen Sinne. Dass offen gesprochen wird. Dass auch Gegensätzliches zugelassen wird. Dass dieselben Griechen, die heute passiv bleiben und die Langsamkeit entdecken, morgen alles auf den Kopf stellen und eine spontane Lösung finden.

Diese Offenheit mag ich aber auch an Deutschland. Dass die Deutschen im Grunde lockerer sind als ihr Ruf. Dass die Leute in Deutschland auch viel selbstverständlicher mit der Tatsache umgehen, dass dieses Land das Einwanderungsland in der mittleren Kreuzung Europas ist, als es manche Eliten und Kleingeister gern wahrhaben wollen. Dass es trotz des Rassismus einen Respekt vor demokratischen Institutionen gibt, und selbst wenn diese in Frage gestellt werden, dies mittlerweile nicht mehr aus einem anti- sondern einem pro-demokratischen Impetus heraus geschieht. Und ich mag, dass Deutschland eben auch ein Kanakenland ist – ein Freund von mir ist vor einigen Jahren nach Österreich gezogen und nun wieder zurückgekommen. »Hier hältst du's nicht lange aus«, erzählte er mir, als ich ihn in Linz besuchte, »hier ist es so langweilig.« Außerdem ist das Bier in Deutschland immer besser als die Plörre anderswo. In Deutschland setzt sich Leistung eben immer durch. Sagte ich das schon?

Nur, was ich nicht mag, ist eine ganz bestimmte hochnäsige und verlogene Art, die in Deutschland oft genug existiert. Es herrscht die Meinung, man sei etwas Besseres, dabei ist man eigentlich nur grob. Oder Deutsche, die fortschrittlich tun und in Wahrheit im 19. Jahrhundert stecken. Oder Deutsche, deren Untertanengeist einem immer noch einen Schauer über den Rücken treibt. Mit welcher Engelsgeduld und mangelndem Selbstbewusstsein so mancher Billigjobber und Arbeitslose seine Lage erträgt und sich im Zweifel immer noch eher mit seinem Chef identifiziert, statt gegen ihn zu revoltieren – absolut unverständlich.

Aber gut, wenigstens gibt's hier Hartz IV. Die Obrigkeits-
treue hat wohl auch ihr Gutes? Oder? In Griechenland
war ich mal ein Wochenende mit einer griechischen Reg-
gae-Band unterwegs. Ein Freund von mir war der Sound-
mann, und ich fuhr einfach mit. Nach dem Konzert fuhr
die Band mit zwei Autos aus der Stadt raus. Nordgriechi-
sches Grenzgebiet. Es war drei Uhr nachts. Kaum aus der
Stadt gefahren, hielten uns Zivilpolizisten auf der Land-
straße an. Drogenrazzia. Die Knarre am Gürtel. Mit Ta-
schenlampen leuchteten sie ins Auto. »Alle ausstei-
gen!« – »Was ist im Kofferraum?« – »Instrumente.« – »Alles
rausholen!«

Kurz gesagt, als sie auch noch anfingen, die Sitze
hochzuklappen und zu durchleuchten, sah ich uns schon
die Nacht auf einer Polizeiwache in der griechischen Provinz verbringen. Die Hälfte der Band hatte Dreadlocks bis
zu den Kniekehlen und Gras in jeder Hosentasche. Das
wussten auch die Polizisten. Und das wusste auch die
Band, dass die Polizisten das wussten. Trotzdem. »O. k.,
fahrt weiter«, sagte schließlich der Anführer der staat-
lichen Drogenfahnder. Die Sache war klar. An »kleinen Fi-
schen« hatten sie kein Interesse. Das Gesetz wirklich an-
zuwenden, hatten sie keine Lust. Deutsche Polizisten an
der deutsch-niederländischen Grenze hätten in so einem
Fall darauf bestanden, dass man die gefundene Kleinst-
menge Hasch auf den Boden schmeißt und daraufpinkelt,
damit der Stoff unbrauchbar wird. Was für eine Ver-
schwendung!«

Andreas, 44

D

Gut: Disziplin, gewisse Rechtssicherheit, Fortschritt (Technik), Moralbewusstsein relativ gut ausgeprägt (Zahlungen etc.), Beständigkeit, zielorientiert

Nicht so gut: rechthaberisch, falscher Nationalstolz, nicht großzügig, zu sparsam, unflexibel, zu depressiv (immer alles schlechtreden), etwas zu rational

GR

Gut: temperamentvoll, großzügig, optimistisch (Lebensfreude), gewisse Schlauheit (kann auch negativ sein), kommunikativ, emotional

Nicht so gut: In fast allem, was sie tun, übertreiben sie. Nicht selbstkritisch, kein wirkliches Moralbewusstsein (Zahlungen, Absprachen einhalten, Ehrlichkeit, Solidaritätsverhalten …), egoistisch, ignorant, kein wirklicher Verlass

Irini, 48

An Deutschland mag ich: die Ordnung, die Verlässlichkeit und die klare Ansage und den Respekt im Umgang miteinander. Die Natur. Dass es Fußwege gibt.

Und ich mag es, dass es hier keine »Fakelakia« gibt. Besonders im medizinischen Bereich, wo es um Leben und Tod geht.

Nicht besonders mag ich hier: den offensichtlich vorhandenen Rassismus bestimmten Gruppen gegenüber.

Das erste Mal, vor ein paar Wochen, als Mensch zweiter Klasse von Banken behandelt worden zu sein. Dass ich mehr deutsche als griechische Freunde habe. Kaum zu glauben, aber mir fällt fast gar nichts ein!

An Griechenland mag ich: das Licht, den Reichtum an Natur, der scheinbar nicht geschätzt wird. Die Musik, die einsamen Strände (die wenigen, die noch da sind).

Was ich nicht mag: das Zugrunderichten des Landes, die fehlende Industrie und Unternehmen. Die Arroganz, das Leben auf Pump, die Autos, den Städtebau, die fehlenden notwendigen Parkflächen, das Nichterteilen oder Nichteinhalten von Auflagen.

Ich hasse das Land nicht, aber es ist so weit gekommen, dass ich nicht mehr dort leben wollte, selbst wenn ich könnte. Städte meide ich. Es ist nicht behindertengerecht, es gibt keine Fußwege. Und am allerschlimmsten finde ich, dass sie noch nicht einmal bereit sind, von guten Beispielen in Europa zu lernen, und gegenüber guten Lösungen resistent sind.

Livia, 8

Zu Griechenland: Das Essen ist dort sehr lecker. Am liebsten mag ich die griechischen Pommes. Und die Leute sind nett.

Was ich nicht so gut finde, ist, dass es Kakerlaken gibt. Wir haben einmal eine Frau in einem Haus besucht, da ist eine Kakerlake an die Decke geklettert. Das war ekelig.

Außerdem mag ich nicht, dass man sich in Griechenland immer mit Sonnencreme einschmieren muss.

An Deutschland mag ich, dass ich hier zu Hause bin, dass ich hier mein Zimmer habe und dass meine Katzen hier sind.

Was ich nicht an Deutschland mag? Da muss ich überlegen. Nein, dazu fällt mir nichts ein.

Da haben Sie den griechischen Salat!

Stella Bettermann
ICH TRINK OUZO, WAS
TRINKST DU SO?
Meine griechische
Familie und ich
208 Seiten
ISBN 978-3-404-61666-4

»Kiiiiender, Äääähsen!« schallte es weit nach der Mittagszeit durch die Münchener Wohnsiedlung. Und bis heute weigert sich Stella Bettermanns griechische Mutter, die schicken Pumps bei der deutschen Verwandtschaft gegen Gästepantoffeln zu tauschen. Um so lauter ist der Jubel in der Heimat, wenn die Koffer mit Geschenken von »Seh un Aaah« (C&A) ausgepackt werden und die Ferien in Piräus bei Oma Yiayia beginnen.
Sind Sie reif für die griechischen Inseln?

Bastei Lübbe Taschenbuch

Werden Sie Teil
der Bastei Lübbe Familie

Lernen Sie Autoren, Verlagsmitarbeiter
und andere Leser/innen kennen

Lesen, hören und rezensieren Sie unter
www.lesejury.de Bücher und Hörbücher
noch vor Erscheinen

Nehmen Sie an exklusiven Verlosungen
teil und gewinnen Sie Buchpakete,
signierte Exemplare oder ein
Meet & Greet mit unseren Autoren

Willkommen in unserer Welt:
www.lesejury.de